马克思主义简明读本

马克思箴言

丛书主编：韩喜平
本书著者：袁　芳

编　委　会：韩喜平　邵彦敏　吴宏政
王为全　罗克全　张中国
王　颖　石　英　里光年

吉林出版集团股份有限公司

图书在版编目（CIP）数据

马克思箴言 / 袁芳著. -- 长春：吉林出版集团股份有限公司，2012.12（2019.2重印）
（马克思主义简明读本）

ISBN 978-7-5534-1158-3

Ⅰ. ①马… Ⅱ. ①袁… Ⅲ. ①马克思主义–箴言–汇编–青年读物②马克思主义–箴言–汇编–少年读物Ⅳ. ①A81-49

中国版本图书馆CIP数据核字(2012)第291612号

马克思箴言
MAKESI ZHENYAN

丛书主编：韩喜平
本书著者：袁　芳
项目策划：范中华　徐树武
责任编辑：陈　曲　潘　晶
出　　版：吉林出版集团股份有限公司
发　　行：吉林出版集团社科图书有限公司
电　　话：0431-86012746
印　　刷：北京一鑫印务有限责任公司
开　　本：710mm × 960mm　1/16
字　　数：100千字
印　　张：12
版　　次：2012年12月第1版
印　　次：2019年2月第3次印刷
书　　号：ISBN 978-7-5534-1158-3
定　　价：29.70元

序　言

习近平总书记指出，青年最富有朝气、最富有梦想，青年兴则国家兴，青年强则国家强。青年是民族的未来，“中国梦”是我们的，更是青年一代的，实现中华民族伟大复兴的“中国梦”需要依靠广大青年的不断努力。

要提高青年人的理论素养。理论是科学化、系统化、观念化的复杂知识体系，也是认识问题、分析问题、解决问题的思想方法和工作方法。青年正处于世界观、方法论形成的关键时期，特别是在知识爆炸、文化快餐消费盛行的今天，如果能够静下心来学习一点理论知识，对于提高他们分析问题、辨别是非的能力有着很大的帮助。

要提高青年人的政治理论素养。青年是祖国的未来，是社会主义的建设者和接班人。党的十八大报告指出，回首近代以来中国波澜壮阔的历史，展望中华民族充满希望的未来，我们得出一个坚定的结论——实现中华民族伟大复兴，必须坚定不移地走中国特色社会主义道路。要建立青年人对中国特色社会主义的道路自信、理论自信、制度自信，就必须要对他们进行马克思主义理论教育，特别是中国特色社会主义理论体系教育。

要提高青年人的创新能力。创新是推动民族进步和社会发展的不竭动力，培养青年人的创新能力是全社会的重要职责。但创新从来都是继承与发展的统一，它需要知识的积淀，需要理论素养的提升。马克思主义理论是人类社会最为重大的理论创新，系统地学习马克思主义理论有助于青年人创新能力的提升。

要培养青年人的远大志向。“一个民族只有拥有那些关注天空的人，这个民族才有希望。如果一个民族只是关心眼下脚下的事情，这个民族是没有未来的。”马克思主义是关注人类自由与解放的理论，是胸怀世界、关注人类的理论，青年人志存高远，奋发有为，应该学会用马克思主义理论武装自己，胸怀世界，关注人类。

正是基于以上几点考虑，我们编写了这套《马克思主义简明读本》系列丛书，以便更全面地展示马克思主义理论基础知识。希望青年朋友们通过学习，能够切实收到成效。

韩喜平

2013年8月

目　　录

引　言

正如历史上所有伟大的思想家一样，马克思理论的深刻不只存在于无产阶级革命领域，他广博的思想所散发的光辉，几乎照射到了人类生活的所有领域。在马克思的著作中，我们不仅可以领略到他对无产阶级革命的热情与信心、他对共产主义理论的坚定信念，而且马克思在他的理论中所表露出的对贫苦人民的同情、对青年人生道路选择的关心、对社会状况的剖析、对人生意义的探寻、对国家本质的揭露等，都让我们不得不承认马克思的天才眼光和普世情怀。我们也不难在他富有真知灼见的话语中体会到他令人难以抗拒的思想魅力。

在马克思的箴言中，你会看到一个更亲切的马克思。在人生篇中，他是循循善诱的人生导师；在社会篇中，他是洞察万事的尖锐笔者；在国家篇中，他是反对剥削的自由斗士；在哲学篇中，他是理性而又幽默的实践唯物主义者。希望这样的马克思能更好地激发广大人民群众的兴趣，特别是我们广大青少年的兴趣，帮助作为社会主义和谐社会构建者的我们，从中获取充分的思想动力和强大的理论支持。

第一章　人生篇

第一节　有关人生的箴言

马克思对人生的态度是积极的，学习马克思的人生态度可以帮助我们充实人生。为了自己的人生理想坚持不懈地努力，是实现自己人生价值的最好方式。在面对人生的百态万象时，马克思以批评讽刺的态度给我们呈现了他对自己所处时代的不满。我们不应该武断地对任何人的人生下过早的定论，而面对我们自己的人生，希望我们可以少些盲从，多些反省与自我审视，像马克思一样坚持自己的人生理想。

生活就像海洋，只有意志坚强的人，才能到达彼岸。

思考一切。

必须做的事情，就必定能实现。

在选择职业时，我们应该遵循的主要方针是人类的幸福和我们自身的完美。

不学无术，在任何时候，对任何人，都无所帮助，也不会带来利益。

作家当然必须挣钱才能生活、写作，但是他绝不应该为了挣钱而生活、写作。

拥有一种美好的心情，比口服良药更能解除生理上的疲惫和痛楚。

你希望别人怎样对待你自己，你就怎样对待别人。

历史认为那些专为公共谋福利从而自己也高尚起来的人物是伟大的。经验证明能使大多数人得到幸福的人，他本身也是幸福的。

当你能够想你愿意想的东西，并且能够把你所想的东西说出来的时候，这是非常幸福的时刻。

我真正喜爱什么东西，我就会感到这种东西的存在是必需的，是我所需要的，没有它的存在，我的生活就不可能充实美满。

如果我们选择了最能为人类福利而劳动的职业，那么，重担就不能把我们压倒，因为这是为大家而献身；那时我们所感到的就不是可怜的、有限的、自私的乐趣，我们的幸福将属于千百万人，我们的事业将默默地，但是永恒发挥作用地存在下去，而面对我们的骨灰，高尚的人们将洒下热泪。

人们正在醒悟，把自己的精神表露出来，将是人们展现自己本质的方式。

征服我们心智的、支配我们信念的、并与我们的良心紧紧相连的是思想。

如果不撕裂自己的心，一个人就无法挣脱旧的枷锁。

面对魔鬼，人们只有服从它才有可能战胜它！

如果一个人从来没有经受过，由他的主观愿望反对自己的理智的客观见解时所产生的良心痛苦，那么他就很难有自己的见解，很难有自己的理智，也很难有自己的良心。

自暴自弃，这是一条永远腐蚀和啃噬着心灵的毒蛇，它吸走心灵的新鲜血液，并在其中注入厌世和绝望的毒汁。

谁要是为名利的恶魔所诱惑，他就不能保持理智，就会朝不可抗拒的力量所指引给他的方向扑去。

你的道路不是我的道路，你的思想不是我的思想。

如果我们要反对一些没有良知的人，那么能够出来反对他的，只是一些既没有任何精神，又没有优点的人，也就是说，我们只有把自己降低到这些人的水平，才能与他们较量。

如果有人以生性愚钝和浅薄无知而请求原谅他故意颠倒黑白的行径，这纯粹就演化为一种欺骗。

如果说一个门外汉想要假装某种大人物的话，那么铁一般的倔强是他不能缺少的。

声称自己具有戏剧天性的思想家，一直以极其有趣的严肃态度和极其罕见的傲慢神情在表演。一知半解、浅薄无知、歪曲误解是他命中注定的东西，不是他的意向。但这也不能改变他扮演的是奉人之命和可以领赏的丑角的事实。

公开的、自觉的卑鄙行为必然战胜隐蔽的、不自觉的卑鄙行为，贪财欲必然战胜享受欲，直认不讳的、老于世故的、孜孜不息的、精明机敏的开明利己主义必然战胜眼界狭隘的、一本正经的、懒散懈怠的、耽于幻想的迷信利己主义。

私有制使我们变得如此愚蠢而片面，以致一个对象，只有当它为我们所拥有的时候，就是说，当它对我们来说作为资本而存在，或者它被我们直接占有，被我们吃、喝、穿、住的时候，简言之，在它被我们使用的时候，才是我们的。尽管私有制本身也把占有的这一切直接实现仅仅看作生活手段，而它们作为手段为之服务的那种生活，是私有制的生活即劳动和资本化。

享受服从于资本，享受的个人服从于资本化的个人。

资本家也享受。他绝不退回到违反自然的粗陋需要。但是，他的享受仅仅是次要的事情，是一种服从于生产的休息；同时，他的享受是精打细算的，从而本身就是一种经济的享受，因为资本家把自己的享受也算入资本的费用。因此，他为自己享受所挥霍的钱只限于这笔花费能通过会带来利润的资本再生产而重新得到补偿。

人体生来就是要死亡的。因此，疾病就不可避免。但是，人们为什么不是在健康的时候，而只是在生病的时候才去找医生呢？因为不仅疾病被视为是一种恶，而且医生本人也是一种恶。医疗会把生命变成一种恶，而人体则变成医生们的操作对象。

如果生命仅仅是预防死亡的措施，那么死去不是比活着更好吗？难道自由运动不也是生命所固有的吗？疾病不是生命的自由受到限制又是什么呢？一个天天上门的医生本身就是一种病，害了这种病想死死不了，只得活下去。尽管生命会死亡，但是死亡却不应当生存。难道精神不比肉体享有更多的权利吗？

一切秘密都具有诱惑性。

无论对作者本人还是对其他人来说，作品都绝不是手段，所以在必要时作者可以为了作品的生存而牺牲他自己的生存。宗教的传教士也是一样，只是方式不同，他也遵循一个原则：多服从上帝少服从人们。

对于洋洋得意的自满情绪，善于用来吹捧自己成就的毫无分寸的恭维的话，我们不想做坏的解释。因为把自己个人的狭隘界限当作全世界的界限和支柱，这才是狭隘的本性。

对于梦游者来说，把他在睡梦中或是在紊乱的梦想中产生的几个幻影最终从现实世界中赶跑，从而有助于消除再度出现的迷信鬼神现象以外，就再没有什么可做的。

没有偏见的观点当作批判的尺度而遭到的悲惨的命运，将会产生比一次变革更大的影响。

如果我们面对问题只是保持一种耐人寻味的沉默，这点沉默之所以不显眼地存在，是因为它意识到有不能回答的弱点，还是因为他意识到有不愿意回答的优越感，这是永远无法断定的。

当一个人以老练而适当的方式惩戒了他桀骜不驯的对手，这说明他的目的是为了教育对手，而不是伤害对手。

如果有人说，你们的友谊不能抵御最小的偶然事件，遇到任何一点不痛快就必定会瓦解，而且把这说成是一种公理，难道你不觉得这是一种侮辱吗？

对个人愿望的宽容会变成对个人本质的严酷，变成对体现为伦理关系的个人伦理理性的严酷。

任何合乎伦理的事实都可能被理解为胡说和谎言的证明。

任何人都不能要求我们，轻视人的物质本性转而轻视人的观念本性，要求我们盲目地服从超伦理的和超自然的权威，而不是自觉地服从伦理的自然的力量。

如同生活本身一样，报刊总是常变常新，永远也不会老成持重。它生活在人民当中，它真诚地同情人民的一切希望与忧患、热爱与憎恨、欢乐与痛苦。它把它在希望忧患之中倾听来的东西公开地报道出来，并尖锐地、充满激情地、片面地对这些东西作出自己的判断，它这样做是同它的感情和思想在当时所处的激动状态相符合的。

只要人们一开始就站在这种客观立场上，人们就不会违反常规地以这一方或那一方的善意或恶意为前提，而会在初看起来似乎只有人在起作用的地方看到这些关系在起作用。

人们之所以完全错误地评价他们所做的信念坚定、事实清楚的情况说明，是因为怀有自私自利的意图，大致说来这种意图就是想用官方的理智去对抗市民的理性。

人们在贫困地逼近，而且还意识到自己所维护的私人利益也同样是国家利益，意识到自己是把私人利益当作国家利益来捍卫的，他们就不能不感到自己的荣誉受到了损害，而且他们还会认为在一种片面而又任意确定的观点影响下，现实被歪曲了。

如果我们要谴责别人，就要毫不客气地谴责。如果要采取伪善的拐弯抹角的办法，那么也不要采取那样一种方式，即对本来就不具有的品质加以赞扬，这样做的结果恰恰是对他真正的品质的谴责。

第二节　有关真理的箴言

实践是检验真理的唯一标准，这句话体现了马克思思想的精神实质。既然实践是我们获知真理的唯一途径，那么我们就必须在坚持真理的道路上，不盲目听信权威，不浅尝辄止，不惧怕与谬误作斗争。坚持真理，就是坚持在我们的生活实践中发现真理，坚持做真理的学生，而不是以占有真理自居，以真理的名义发号施令，这就是马克思对真理的态度。

最好是把真理比作燧石，它受到的敲打越厉害，发射出的光辉就越灿烂。

真理在这里，下跪吧！我们是从世界的原理中为世界阐发新原理的。

谬误在天国为神祇所做的雄辩一经驳倒，它在人间的存在就声誉扫地了。

批判的武器当然不能代替武器的批判，物质的力量只能用物质力量来摧毁；但是理论一经掌握群众，也会变成物质力量。

理论只要说服人，就能掌握群众，而理论只要彻底，就能说服人。所谓彻底，就是抓住事物的根本，而人的根本就是人本身。

理论在一个国家实现的程度，总是取决于理论满足这个国家需要的程度。

理论的需要是否直接成为实践的需要呢？光是思想力求成为现实是不够的，现实本身应该力求趋向思想。

难道真理探求者的首要义务，不是直奔真理而不要东张西望吗？假如我必须记住用指定的形式来谈论事物，难道我不是会忘记谈论事物本身吗？

真理像光一样，它很难谦逊，而且它要对谁谦逊？对它本身吗？真理是检验它自身和谬误的试金石。谦逊是我在探寻真理道路上寸步难行的绊脚石。它就是规定在探讨时要对得出结论感到恐惧，它是一种对付真理的预防剂。

真理是普遍的，它不是属于我一个人的，而是为大家所有的。真理占有我，而不是我占有真理。我只构成我精神个性的形式。

对真理的探讨本身应当是真实的，真实的探讨就是扩展了的真理，这种真理的各个分散环节在结果中是相互结合的。

抽象地理解真理就等于把精神变成了枯燥地记录真理的裁判官。

明辨事理者的理智看不见的东西，却瞒不过童稚天真的心灵。

有人曾经命令人们相信太阳是围绕地球运转的，但是伽利略被驳倒了吗？

即使人的一切按其存在来说都是不完善的，难道我们因此就应该混淆一切，对善和恶、真和伪一律表示尊重吗？

善的声音过于沉静，它在恶的海妖之歌面前是软弱无力的。

在通往真理的道路上设下的障碍越多，你们获得的真理就越扎实!

把颠倒历史的论断整个颠倒过来，才能得出真理。

国家应该帮助真理进行斗争，即使不剥夺谬误拥护者的内在自由，也要剥夺这种自由的可能性，就是剥夺谬误生存的可能性。

第三节　有关学习的箴言

“活到老，学到老”就是说人的一生是一个不断学习的过程。学习的形式是多种多样的，我们在书本里学习知识，在社会中学习做人。马克思突出了学习的不易，也正是这样的学习才能帮助我们磨炼意志，也只有在我们付出辛勤努力后才能体验到最大的自我满足。学习需要与兴趣结合起来才会产生真实的动力，无论在马克思所处的时代，还是在我们当下的现实中，急功近利的学习态度都是我们应该拒绝的。

问题的新提法本身已包含对问题的解决。

任何时候，我也不会满足，越是多读书，就越是深刻地感到不满足，越感到自已知识贫乏。科学是奥妙无穷的。

我们的时代，胡闹、莽撞的行为应当受到公开而坚决的谴责；我们的时代，需要严肃、刚毅和坚定的人来达到它的崇高目标。

在科学的入口处，正像在地狱的入口处一样，必须提出这样的要求：这里必须根绝一切犹豫；这里任何怯懦都无济于事。

在科学上没有平坦的大道，只有不畏艰险沿着陡峭山路攀登的人，才有希望达到光辉的顶点。

与其用华丽的外衣装饰自己，不如用知识武装自己。

万事开头难，每门科学都是如此。

当我们得到理解的时候，智慧是不会枯竭的；智慧同智慧相碰，就迸溅出无数的火花。

只有音乐才激起人的音乐感，对于没有音乐感的耳朵来说，最美的音乐也毫无意义。

激情、热情是人强烈追求自己的对象的本质力量。

书是我的奴隶，应该服从我的意志，供我使用。

把学术同地位扯在一起，是多么虚伪的自由主义。

计数是摇摆于感性和思维之间的理智的最初的理论活动。计数是小孩儿的理智的最初的自由理论活动。

如果说小孩儿的理论思维具有量的性质，那么，小孩儿的推断和他的实践思维则首先具有实践和感性的性质。感性的禀赋是把小孩儿和世界连接起来的第一个纽带。

空间是第一个以自己的量使小孩儿敬畏的东西。空间是小孩儿在世界上体验到的第一种量，因此，小孩儿以为身材高大的人就是伟人。

歌德曾经说过，画家要成功地描绘出一种女性美，只能以他至少在一个活人身上曾经爱过的那种美作为典型。

我们这个时代已经没有中世纪那样令人赞叹的、对宏大事物的真正鉴赏力了。一些大部头的书籍，甚至不用你去阅读，光是它们那惊人的外观就像哥特式建筑一样足以打动你们的心弦，使你们惊异不止。这种天生的庞然大物以物质的形式对精神产生作用。精神感觉到巨大物体的重压，这种压力感就是敬畏的开端。不是你们占有这些书籍，而是这些书籍占有了你们。

有人认为，真正的教育在于使人终身处于襁褓中，躺在摇篮里，因为人要学会走路，也得学会摔跤，而且只有经过摔跤，他才能学会走路。

但是如果我们都成了襁褓儿，那么谁来包扎我们呢？如果我们都躺在摇篮里，那么谁来摇我们呢？如果我们都成了囚犯，那么谁来看守呢？

不完善的东西需要教育。但是，难道教育就不是人类的事情，因而不也是不完善的事情吗？教育本身就不需要教育吗？

无知是一个魔鬼，因而我们担心它还会造成一些悲剧。难怪最伟大的希腊诗人们在迈锡尼和底比斯的王室生活为题材的惊心动魄的悲剧中，都把无知描绘成悲惨的命运。

智力的贫乏最终企图靠性格的软弱、靠道德败坏的无聊的鲁莽行径来维持自己。

尊严是最能够使人高尚、使他的活动和他的一切努力具有更加崇高品质的东西，是使他无可非议受到众人钦佩并高出于众人之上的东西。

这种有意采取的办法具有惊人的灵活性，即可能造成罕见的误解，并使之在局外人看来甚至好像是对事情本身的真正理解。

第四节　有关友情的箴言

我们只能用爱来交换爱，只能用信任来交换信任，也只能用友情来交换友情。真诚与信任是友情的基础，而真正的友谊也是经得起任何考验的。马克思与恩格斯的友谊为我们树立了一种伟大友情的典范，他们的友情与身份无关，与利益无关，他们志同道合，他们之间只有无私的帮助和相互的鼓励，或许也正是因为马克思拥有与恩格斯这样真挚的革命友谊，马克思才写下了这些简短而深刻的语句。

真诚的、十分理智的友谊是人生的无价之宝。

友谊像清晨的雾一样纯洁，奉承并不能得到它，友谊只能用忠实去巩固。

真诚的、十分理智的友谊是人生的无价之宝。你能否对你的朋友守信不渝，永远做一个无愧于他的人，这就是对你的灵魂、性格、心理以至于道德的最好的考验。

友谊之舟在生活的海洋中行驶是不可能一帆风顺的，有时会碰到乌云和风暴。在这种情况下，友谊会受到这种或那种考验，在这些乌云和风暴后，友谊就会更加巩固。真正的友谊在任何情况下都会放射出新的光芒。

人的生活离不开友谊，但要得到真正的友谊才是不容易的；友谊总需要用忠诚去播种，用热情去灌溉，用原则去培养，用谅解去护理。

第五节　有关人的箴言

人是复杂的。人是什么？什么是人？这是永远没有确定答案的问题。人是同动物相区别的，马克思认为人的本质是一切社会关系的总和，也就是说你的社会角色决定了你是谁，你从事什么样的工作，你就是什么样的人。正如教书育人的人是老师、救死扶伤的人是医生一样，人创造环境，环境也塑造人。马克思认为，好的社会环境应该帮助人实现自身的全面发展，而资本主义社会却扼杀了人的潜能，使人沦为牟利的工具。资本主义社会那种自私自利的不良风气，也使人与人之间的关系变得异常虚伪，言行不一、唯利是图等都是我们应该抵制的行为方式。与此同时，我们应该以期待别人对待我的方式去对待别人，做到己所不欲，勿施于人，千万不要沦为马克思所鄙视嘲弄的那种人。

人的价值蕴藏在人的才能之中。

人只有为与自己同时代的人完善，为他们的幸福而工作，他才能达到自身的完善。

历史把那些为了广大的目标而工作，因而使自己变得高尚的人看作是伟大的人；经验则把使最大多数人幸福的人称赞为最幸福的人。

如果人仅仅为自己劳动，也许他能够成为著名的学者、伟大的智者、卓越的诗人，但是他永远也不能成为真正完善和真正伟大的人。

一个人应该：活泼而守纪律，天真而不幼稚，勇敢而不鲁莽，倔强而有原则，热情而不冲动，乐观而不盲目。

良心是由人的知识和全部生活方式来决定的。

假定人就是人，人对世界的关系是一种人的关系，那么你就只能用爱来交换爱，只能用信任来交换信任。

如果你想得到艺术的享受，那你就必须是一个有艺术修养的人。

如果你想感化别人，那你就必须是一个实际上能鼓舞和推动别人进步的人。

人类要使自己的罪过得到宽恕，就只有说明这些罪过的真相。

人创造了宗教，而不是宗教创造了人。

人不是抽象地蛰居于世界之外的存在物。人就是人的世界，就是国家、社会。

一个低于做人水平的罪犯，依然是刽子手的对象。

问题不在于敌人是否高尚、是否旗鼓相当、是否有趣，问题在于给敌人以打击。

应当让受现实压迫的人意识到压迫，从而使现实的压迫更加沉重；应该公开耻辱，从而使耻辱更加耻辱。

我们必须先解放自己，才能解放别人。

在迄今为止的世界制度内，政治解放是人的解放的最后形式。

任何解放都是使人的世界即各种关系回归于人自身。

动物和自己的生命活动是直接同一的。动物不把自己同自己的生命活动区别开来，它就是自己的生命活动。人则使自己的生命活动本身变成自己意志的和自己意识的对象。他具有有意识的生命活动。有意识的生命活动把人同动物的生命活动直接区别开来。

通过实践创造对象世界，改造无机界，人证明自己是有意识的类存在物。

动物只生产它自己或它的幼仔所直接需要的东西。动物的生产是片面的，而人的生产是全面的。

动物只是在直接的肉体需要的支配下生产，而人甚至不受肉体需要的影响也进行生产，并且只有不受这种需要的影响才进行真正的生产。

动物只生产自身，而人再生产整个自然界；动物的产品直接属于它的肉体，而人则自由地面对自己的产品。

动物只是按照它所属的那个种的尺度和需要来构造，而人却懂得按照任何一个种的尺度来进行生产，并且懂得处处都把固有的尺度运用于对象。因此，人也按照美的规律来构造。

人具有的关于自己的类的意识，由于异化而改变，以致类生活对他来说竟成了手段。

人对自身的关系只有通过他对他人的关系，才成为对他来说是对象性的、现实的关系。

如果人把他自己的活动看作一种不自由的活动，那么他就是把这种活动看作替他人服务的、受他人支配的、处于他人强迫和压制下的活动。

人是特殊的个体，并且正是人的特殊性使他成为一个个体，成为一个现实的、单个的社会存在物。同样，人也是总体，是观念的总体，是被思考和被感知的社会的自为的主体存在，正如人在现实中既作为对社会存在的直观和现实享受而存在，又作为人的生命表现的总体而存在一样。

对私有财产的积极扬弃，就是说，为了人并且通过人对人的本质和人的生命、对象性的人和人的产品的感性的占有，不应当仅仅被理解为直接的、片面的享受，不应当仅仅被理解为占有、拥有。人以一种全面的方式，就是说，作为一个完整的人，占有自己的全面的本质。

只有当对象对人来说成为人的对象或者说成为对象性的人的时候，人才不致在自己的对象中丧失自身。

人不仅通过思维，而且以全部感觉在对象世界中肯定自己。

我的对象是对我本质力量的一种确证。

对于一个忍饥挨饿的人来说并不存在人的食物形式，而只有作为食物的抽象存在；食物同样也可能具有最粗糙的形式，而且不能说，这种进食活动与动物的进食活动有什么不同。

忧心忡忡的、贫穷的人对最美丽的景色都没有什么感觉；经营矿物的商人只看到矿物的商业价值，而看不到矿物的美和独特性，他没有矿物学的感觉。

工业的历史和工业的已经生成的对象性的存在，是一本打开了的关于人的本质力量的书，是感性地摆在我们面前的人的心理学。

任何一个存在物只有当它用自己的双脚站立的时候，才认为自己是独立的，而且只有当它依靠自己而存在的时候，它才是用自己的双脚站立的。

饥饿是自然的需要，因此，为了使自身得到满足，使自身解除饥饿，它需要自身以外的自然界、自身之外的对象。饥饿是我的身体对某一对象的公认的需要，这个对象存在于我的身体之外，是使我的身体得以充实并使本质得以表现所不可缺 少的。

太阳是植物的对象，是植物所不可缺少的、确证它的生命的对象，正像植物是太阳的对象，是太阳唤醒生命的力量的表现，是太阳的对象性的本质力量的表现一样。

一个存在物如果在自身之外没有对象，就不是对象性的存在物。

人不仅仅是自然存在物，而且是人的自然存在物，就是说，是自为地存在着的存在物，因而是类存在物。他必须既在自己的存在中也在自己的知识中确证并表现自身。

工人的解放还包含普遍的人的解放。

人的本质不是单个人所固有的抽象物，在其现实性上是一切社会关系的总和。

人的革命实践既改变其周围环境，也改变人自身。

人无论作为单个的人还是群众中的一分子，就其本性而言都是不完善的。如果其中一个领域，由于这种不完善而不应当存在，那就是说，没有一个领域有权存在，就是说，人根本没有生存权利。

当小孩儿慷慨激昂时，会使人觉得滑稽可笑。

正如每个世纪都有自己独特的性质一样，每个世纪都会产生出自己独特的自然人。

利益的狭隘小气、愚蠢死板、平庸浅薄、自私自利的灵魂只是看到自己吃亏的事情，就好比一个粗人因为一个过路人踩了他脚上的鸡眼，就把这个人看作天底下最可恶和最卑鄙的坏蛋，他把自己的鸡眼当作观察和判断人的行为的眼睛。他把过路人和自己接触的那一点当作这个人的本质和世界的唯一接触点。然而，有人可能踩了我的鸡眼，但他并不能因此就不是一个诚实的、甚至优秀的人。

私人利益把一个人触犯它的行为夸大为这个人的整个为人，它把法律变成一个只考虑如何消灭有害鼠类的捕鼠者。

自私自利用两种尺度和两种天平来评价人，它具有两种世界观和两副眼镜，一副把一切都变成黑色，另一副把一切都变成彩色。当需要牺牲别人来充当自己的工具时，当需要粉饰自己的不正当的手段时，自私自利就戴上彩色眼镜，这样一来，它的工具和手段就呈现出一种非凡的灵光，它就用温柔而轻信的人们所具有的那种渺茫、甜蜜的幻想来哄骗自己和别人。它脸上的每条皱纹都呈现出善良的微笑。它把自己敌人的手握得发痛，但这是出于信任。但是，突然问题涉及到自身的好处，涉及到要在舞台幻影已经消失的幕后仔细的检查工具和手段的效用了。这时，精通人情世故的自私自利便小心翼翼、疑虑重重的戴上深谙处世秘诀的黑色眼睛，实际的眼睛。自私自利像老练的马贩子一样，把人们仔仔细细、毛发不漏的打量一遍，以为别人一个个也像它一样渺小、卑鄙和肮脏。

如果人们必须把对自己有害的事情表示不信任，而对自己有利的事情表示信任并宣布为公理；如果人们必须用私人利益的眼镜来观察，并以私人利益的心灵来感受他们的信任和不信任，那么对人们的要求就实在太不合乎逻辑了。

任何一个有理性的人都不会有一种非分的要求，认为自己的行为是他一个人才可以做的享有特权的行为。相反，每个有理性的人都会认为自己的行为是合法的、是一切人都可以做的行为。

第二章　社会篇

第一节　有关社会的箴言

马克思对社会的箴言是最富有其理论特色的，因为打上了马克思所处时代的烙印，所以很有必要将其理论背景作个简要介绍以方便读者理解。马克思所有关于社会的言论都指向一个目标，即揭露资本主义社会的丑恶本质，为构建共产主义社会的社会革命作准备。所以，马克思特别重视报刊、杂志在传播社会思想上的广泛影响力，力图揭露资本主义社会对社会言论的隐性控制，进而披露资本主义社会是追求资产阶级私利的工具，而资本主义社会本身难以克服的缺陷，也必将使其难以逃避最终被新社会替代的命运。

社会的进步就是人类对美的追求的结晶。

社会的进步可以用女性（丑的也包括在内）的社会地位来精确地衡量。

我们知道个人是微弱的，但是我们也知道整体就是力量。

生产劳动和教育的早期结合是改造现代社会的最强有力的手段之一。

实际上，没有一种社会形态能够阻止社会所支配的劳动时间以这种或那种方式调整生产。

社会为生产小麦、家畜等所需要的时间越少，它对其他生产，不论是物质的生产或精神的生产所获得的时间便越多。

一个不了解社会现状的人，更不会了解力求推翻这种社会现状的运动和这个革命运动在文献上的表现。

旧世界是属于庸人的。

让死人去埋葬和痛哭自己的尸体吧！最先朝气蓬勃地投入新生活的人，他们的命运是令人羡慕的。但愿我们的命运也同样如此。

当旧制度本身还相信而且也必定相信自己的合理性的时候，它的历史是悲剧性的。

当旧制度作为现存的世界制度同新生的世界进行斗争的时候，旧制度犯的是世界历史性的错误，而不是个人的错误。

工商业的制度，占有人和剥削人的制度正在比人口的繁殖不知快多少倍地引起现今社会内部的分裂，这种分裂，旧制度是无法医治的，因为它根本就不医治、不创造，它只是存在和享受罢了。受难的人在思维着，思维着的人又横遭压迫，但是这些人的存在必然会使那饱食终日、无所用心的庸俗动物世界坐卧不安。我们必须彻底揭露旧世界，并积极建立新世界。事件的进程给思维着的人思索的时间越长，给受苦难的人团结起来的时间越多，那么在现今社会里孕育着的成果就会越完美地产生。

只有为了社会的普遍权利，特殊阶级才能要求普遍统治。

如果要求公民的权利，那就得关心政治。

社会革命才是真正的革命，政治的和哲学的革命必定通向社会革命。

只要国家和教会还是实现人的本质的普遍规定性的唯一形式，就根本谈不到社会的历史。

正像社会本身生产作为人的人一样，社会也是由人生产的。活动和享受，无论就其内容或就其存在方式来说，都是社会的活动和社会的享受。

社会是人同自然界的完成了的本质的统一，是自然界的真正复活，是人的实现了的自然主义和自然界的实现了的人道主义。

整个的人类奴役制就包含在工人对生产的关系中，而一切奴役关系只不过是这种关系的变形和后果罢了。

一个阶级是社会上占统治地位的物质力量，同时也是社会上占统治地位的精神力量。

暴力是每一个孕育着新社会的旧社会的助产婆，暴力本身就是一种经济力。

凡总的说来是坏的东西就始终是坏的，不论体现它的是谁。

使一种完善的东西沦为对付不完善的东西的工具，这样做是不是适当呢？

对自由的任何一点限制实际上都无可辩驳地证明当权人物曾一度坚信必须限制自由，而这种信念也就成为后来信念的准绳了。

一切发展中的事物都是不完善的，而发展只有在死亡时才结束。

新闻出版是个人表达其精神存在的最普遍的方式。它不知道尊重个人，它只知道尊重理性。你们要以官方的方式用特殊的外在的标志来决定精神的表达能力吗？对别人我不可能是什么样的人，对自己我就不是而且也不可能是这样的人。如果对别人我没有权利成为英才，那么，对自己我也就没有权利成为英才，难道你们想把成为英才的特权只赋予个别人吗？每个人都在学习写作和阅读，同样，每个人也应当有权利写作和阅读。

婚姻的精神本质是用排他性来使性欲神圣化，用法律来约束欲望，用道德的美把自然的要求理想化，使之成为一种精神结合的因素。

一个人的行为方式并不因为已成为他的习惯，就不再是不法行为。正如强盗儿子的抢劫行为并不能因为他的特殊家风而被宽恕一样。

一个阶级不仅感觉到有满足自然需要的欲望，而且同样也感到有满足自己正当欲望的需要。

自然界本身仿佛提供了一个贫富对立的实例：一方面是脱离了有机生命而被折断了的干枯的树枝树杈；另一方面是根深叶茂的树和树干，后者有机地同化空气、阳光、水分和泥土，使它们变成自己的形式和生命。这是贫富的自然表现。

贫民在自己的活动中已经发现了自己的权利。

利益是很有眼力的，以前肉眼看得见的东西它看不见，现在甚至只有用显微镜才能看得清楚的东西它却看见了。整个世界都是它的眼中钉，都是一个充满危险的世界，因为世界并不是一种利益的世界，而是许多种利益的世界。私人利益把自己看作是世界的最终目的。如果法不能实现这个最终目的，那就是不合目的的法。因此，对私人利益有害的法就是具有有害后果的法。

利益不是在思索，它是在盘算，动机就是它的数字。动机是取消法的根据的动因，有谁会怀疑私人利益会有许多这种动因呢？动机的优点就在于它有随机的灵活性，它借助这种灵活性可以抹杀客观事实，使自己和别人产生错觉，以为不需要考虑好事，只要干坏事时抱有良好的想法就行了。

私人利益的代表者是美好事情的体现者，是美好事情的化身。人们怀着牺牲精神，忍痛把这副重担交给私人利益的代表者，从而就把一系列美好的事情彻底都做完，永远结束了。

人们力图同法做交易，通过讨价还价在这里或那里设法用低价从法里买到某一基本原则。人们以乞求的口吻要求得到利益的法，以此来安抚法。

自私自利的恐惧心情非常细心地侦查、算计和推断敌人可能怎样利用法的领域，而人们只要同敌人发生冲突就必须进入这个作为不可避免的祸害的领域，并且力图采取最审慎的反机动先于敌人到达这个领域。因此，人们就碰到了作为私人利益的无节制表现的障碍的法本身，并且把法看作是一种障碍。

正如哑巴并不因为人们给了他一个极长的话筒就会说话一样，私人利益也并不会因为人们把它抬上了立法者的宝座就能立法。

特殊利益既没有祖国意识，也没有省的观念；既没有一般精神，也没有乡土观念。一些异想天开的作家喜欢把代表特殊利益看作是理想的浪漫主义、深邃的感情以及道德的个人形式和特殊形式的最丰富源泉。然而，与这些作家的论断完全相反，代表特殊利益会消灭一切自然差别和精神差别。因为这样做会把特定的物质和特定的奴隶般的屈从于物质的意识的不道德、不理智和无感情的抽象物抬上王位，用于代替这些差别。

报刊在今天报道的事实和所发表的见解之中所存在的错误，明天它自己就会推翻。它表现出真正朴实的政治态度，在一般情况下连报刊的敌人也对这种政治态度很喜欢。

凡是报刊年轻的地方，人民的精神也就年轻。而刚刚觉醒的人民精神公开表达出来的日常政治思想，同那些已经在政治斗争中成长壮大并充满自信的人民精神所表达的政治思想相比，就显得不够老练、不够准确、不够周密。

人民看到自己的本质在他的报刊的本质中反映出来，如果他看不到这一点，他就会认为报刊是某种无关紧要的东西而不屑一顾，因为人民不让自己受骗。

人民知道他的报刊为他承担着各种罪过，并为他忍受着屈辱，为了他的荣誉，他的报刊正在抛弃高傲自负和刚愎自用的作风，成为现代荆棘丛中一棵道德精神的玫瑰。

报刊中尽管存在着种种由于怀有敌意和缺乏理智而产生的毒素，但报刊的本质总是真实的和纯洁的，这种毒素会在报刊的永不停息的滚滚激流中变成真理和强身健体的药剂。

报刊不经过渊源于其本质的必然发展阶段就不可能成为真的报刊。

反对任何一种存在的斗争都是这一存在得到认可和这一存在的现实性与力量的最初形式。

只有斗争才能表明权利究竟是一种让步还是一种必然，是一种幻觉还是一种真实。

谁要是经常亲耳听到周围居民在贫困中发出的毫无顾忌的呼声，他就容易失去那种善于用最优美、最谦恭方式来表达思想的美学技巧，他也许会以为自己在政治上有义务暂时公开地使用那种在贫困中所产生的民众语言，因为他在自己的故乡每时每刻都无法忘记这种语言。

任何一种概括性的说法都会被认为是不真实的，而且任何人说的话，如果不是将原话加以重复，就根本不可能转述它的意思了。

问题不在于是否真有其事，而在于语言的准确程度如何，这明显是本末倒置了。

自由报刊是社会舆论的产物，同样它也制造社会舆论。唯有它才能使一种特殊利益成为普遍利益，唯有它才能使某一地区的贫困状况成为普遍关注和普遍同情的对象，唯有它能使大家都感到这种贫困化，从而减轻这种贫困。

报刊是带着理智，但同样也是带着感情来对待人民生活状况的，因此报刊的语言不仅是超脱各种关系的明智的评论言语，而且也是反映这些关系本身的充满热情的言语，是官方的发言中所不可能有，而且也不允许有的语言。

自由报刊不通过任何官僚中介，原原本本地把人民的贫困状况反映到国家面前，反映给这样一个当权者，在这个当权者面前没有管理机构和被管理者的差别，而只有不分亲疏的公民。

不言而喻，人民相信的只是实际存在的东西。他们相信的不是那种可能存在的坦率发表意见的报刊，而是那种实际存在的坦率发表意见的报刊。

谁要是抛弃了客观观点，他就会带着片面性沉浸在怨恨的情绪之中，去对待那些曾经代表现存关系的严酷性来反对他的个人。

贫困居民情绪低落、精神沮丧这本来就挫伤了他们公开、坦诚、坦率地发表意见所必需的精神力量，而形形色色的告密行为又必然促使法院以“在官吏执行公务时或因其执行公务而侮辱官吏”的罪名对许多人判刑，这种情况就更加使贫困者情绪低落、精神沮丧。

有两个骗子，一个骗子在法庭上以其他逍遥法外的骗子的勾当为依据来进行自我辩解。

难道每一个城市不是像每个家庭一样都有头脑迟钝的孩子吗？而根据这些孩子的情况来推断某个城市和家庭的特征，这种做法难道是合理的吗？

如果想恢复城市的政治社会和精神的时代即恢复中世纪时代，那么一切精神的、普遍的需要就必定会真的被埋葬，精神状态就必定会完全错乱，一切历史的记忆必定会荡然无存。

如果某个城市完全摒弃现代的一切合乎理性的和健康的观

点，以便从此生活在过去的梦幻中，难道政府就应该把精神的普遍的需要统统纳入自己的私有领域吗？

市民社会的利己主义的个人在他那非感性的观念和无生命的抽象中可以把自己夸耀为原子，即同任何东西毫无关系的、自满自足的、没有需要的、绝对充实的极乐世界的存在物。而非极乐世界的感性的现实却绝不理会他这种想象，他的每一种感觉都迫使他相信他的身外的世界和个人的意义，甚至他那世俗的胃也每天都在提醒他：身外的世界并不是空虚的，而是真正使人充实的东西。

市民社会中人的每一种本质活动和特征，他的每一种生命欲望都会成为一种需要，成为一种把他的私欲变成追逐身外其他事物和其他人的需求。但是因为一个个人的需要对于另一个拥有满足这种需要的手段的利己主义的个人来说，并没有什么不言自明的意义，就是说，这种需要的满足并没有任何直接的联系，所以每一个个人都必须建立这种联系，为此，每一个个人都同样要成为他人的需要和这种需要的对象之间的牵线人。

正是自然必然性、人本质特性、利益把市民社会的成员联合起来。他们之间现实的纽带是市民生活，而不是政治生活。因此，把市民社会的原子联合起来的不是国家，而是如下事实：他们只是在观念中、在自己想象的天堂中才是原子，而实际上他们是和原子截然不同的存在物，也就是说他们不是超凡入圣的利己主义者，而是利己主义的人。

第二节 有关历史的箴言

马克思的唯物主义历史观体现了人是自己历史的创造者，人们是自身历史的前提。而历史就是追求自己目的的人的活动过程，历史就是实现人自身发展的特殊方式。也就是说，历史是由人民群众创造的，是由每一个平凡的人的实践活动组成的。

每一个社会时代都需要有自己的大人物，如果没有这样的人物，它就要把他们创造出来。

历史正在把我们文明社会的这些“野蛮人”变成人类解放的实践因素。

真理的彼岸世界消逝以后，历史的任务就是确定此岸世界的真理。

如果我们的自由历史只能到森林中去找，那么我们的自由历史和野猪的自由历史又有什么区别呢？

历史是认真的，经过许多阶段才把陈旧的形态送进坟墓。

黑格尔在某个地方说过，一切伟大的世界历史事变和人物，可以说都出现两次，他忘记补充一点：第一次是作为悲剧出现，第二次是作为喜剧出现。

对社会主义的人来说，整个所谓世界历史不外是人通过人的劳动而诞生的过程，是自然界对人来说的生成过程。

彻底的自然主义或人道主义，既不同于唯心主义，也不同于唯物主义，同时又是把这二者结合起来的真理。我们同时也看到，只有自然主义能够理解世界历史的运动。

历史对人来说是被认识到的历史，因而它作为形成过程是一种有意识地扬弃自身的形成过程。历史是人的真正的自然史。

人类历史的第一个前提就是必须生存，为此人们首先需要衣、食、住和其他东西，因此第一个历史活动就是生产满足这些需要的东西，即物质生活本身的生产。物质生产是一切历史的基本条件。

生产力和交往形式的矛盾引起历史上不同所有制形式的更替。这种矛盾是一切历史冲突的根源，它表现为各阶级之间的冲突，表现为思想斗争、政治斗争等。

如果斗争是在极顺利的成功机会的条件下才着手进行的，那么创造世界历史未免就太容易了。

真正历史的观点是同臆想的观点相对立的。臆想观点先扼杀历史理性，然后又把它的遗骨当作历史的圣物来敬奉。

历史学派已把研究起源变成了自己的口号，它把自己对起源的爱好发展到了极限，以致要求船夫不在江湖的干流上航行，而在江湖的源头上航行。

历史学派的哲学产生于历史学派发展之前，所以，要在该学派的发展本身中去寻找哲学是徒劳无益的。

历史学派的原生的谱系树已被神秘的烟雾所遮盖；浪漫派用幻想修剪它；思辨又把自己的特性嫁接给它；无数学术果实都从这棵树上被摇落下来、晒干，并加以夸大地存放在宽阔的德国学术库房中。可是，实际上只需略加考证，就能够在种种天花乱坠的现代词句后面重新看出我们的旧制度的启蒙思想家的那种龌龊而陈旧的怪想。

我们需要承认，在实际发生的历史同按照既是旧事物的创造者，同样又是新事物的创造者的绝对批判的绝对命令发生的历史之间，存在着一条鸿沟。

第三节　有关经济的箴言

经济本应是造福人民大众的，经济学本应是反映客观经济规律的。马克思针对当时的资产阶级国民经济学，认为这些资本主义经济学理论在为资产阶级贪婪的本性作辩护，掩盖了资本主义剥削的实质。工人劳动创造经济价值，资本家依靠榨取工人血汗牟利，而这些都是隐蔽在资本主义经济关系之中的，马克思通过他的剩余价值理论为我们揭露了资本主义剥削的实质。

一切经济最后都归结为时间经济。

国民经济学的产生是商业扩展的自然结果，随着它的出现，一个成熟的允许欺诈的体系、一门完整的发财致富的科学代替了简单的不科学的生意经。

从商人的彼此嫉妒和贪婪中产生的国民经济学或发财致富的科学，在额角上带有最令人厌恶的自私自利的烙印。

我们所要批判的经济学家离我们的时代越近，我们对他们的判决就必定越严厉。

经济学家离我们的时代越近，离诚实就越远。

时代每前进一步，为把经济学保持在时代水平上，诡辩术就必然提高一步。

私有制产生的最直接的结果就是商业，即彼此交换必需品，亦即买和卖。

在商业中允许利用对方的无知和轻信来取得最大的利益，并且也同样允许夸大自己的商品本来没有的品质。

商业是合法的欺诈。

18世纪民族间的相互敌视、可憎的妒忌以及商业角逐，都是贸易本身的必然结果。

商人为了自己的利益必须与廉价卖给他货物的人们和高价买他货物的人们保持良好的关系。

商人在商业活动中表现得越友好，对他就越有利。这就是商业的人道，而滥用道德以实现不道德的意图的伪善方式就是自由贸易体系引以为豪的东西。

竞争的对立面是垄断。垄断是重商主义者战斗时的呐喊，竞争是自由主义经济学家厮打时的吼叫。

竞争建立在利益基础上，而利益又引起垄断。简言之，竞争转为垄断。

普遍利益和个人利益是直接对立的。

由竞争关系造成的价格永恒波动，使商业完全丧失了道德的最后一点痕迹。

竞争关系的真谛就是消费力和生产力的关系。

竞争贯穿在我们的全部生活关系中，造成了人们今日所处的相互奴役状态。

竞争支配着人类在数量上的增长，也支配着人类在道德上的进步。

利益实质上是主体的、利己的、单个的利益。

只要私有制依然存在，利益就必然是单个利益，利益的统治必然表现为财产的统治。

工资决定于资本家和工人之间的敌对的斗争。胜利必定属于资本家。

资本家没有工人能比工人没有资本家活得长久。

工人的存在被归结为其他任何商品的存在条件。工人成了商品，如果他能找到买主，那就是他的幸运了。

工人的生活取决于需求，而需求取决于富人和资本家的兴致。

当资本家盈利时工人不一定有利可得，而当资本家亏损时工人一定跟着吃亏。

工人和资本家同样苦恼，工人是为他的生存而苦恼，资本家则是为他的死钱财的盈利而苦恼。

工资的提高引起工人的过度劳动。他们越想多挣几个钱，他们就越不得不牺牲自己的时间，并且完全放弃一切自由，在挣钱欲望的驱使下从事奴隶劳动。

工资的提高在工人身上激起资本家那样的致富欲望，但是，工人只有牺牲自己的精神和肉体才能满足这种欲望。

分工使工人越来越片面化和越来越有依赖性。

分工不仅导致人的竞争，而且也导致机器的竞争。

分工提高劳动的生产力，增加社会的财富，促进社会精美完善，同时也使工人陷入贫困直到变为机器。

劳动租金资本的积累，从而也促进社会富裕程度的提高，同时却使工人越来越依附于资本家，引起工人间更剧烈的竞争，使工人卷入生产过剩的追猎活动；跟随生产过剩而来的是同样急剧的生产衰落。

在社会的衰落状态中，工人遭受的痛苦最深重。

贫困从现代劳动本身的本质中产生出来。

国民经济学把工人只当作劳动的动物，当作仅仅有必要的肉体需要的牲畜。

国民经济学只不过表述了异化劳动的规律罢了。

工人生产的财富越多，他生产的影响和规模越大，他就越贫穷。

工人创造的商品越多，他就越变成廉价的商品。

工人生产的对象越多，他能占有的对象就越少，而且越受自己的产品即资本的统治。

工人对自己的劳动产品的关系就是对一个异己的对象的关系。工人把自己的生命投入对象，但现在这个生命已不再属于他而属于对象了。

工人生产得越多，他能消费的越少；他所创造的价值越多，他自己越没有价值、越低贱。

工人的产品越完美，工人自己就越畸形；工人创造的对象越文明，工人自己就越野蛮。

劳动越有力量，工人越无力，工人越愚笨，越成为自然界的奴隶。

工资是异化劳动的直接结果，而异化劳动是私有财产的直接原因。

工人只有当他对自己作为资本存在的时候，才作为工人存在；而只有当某种资本对他存在的时候，他才作为资本存在。资本存在是他的存在、他的生活，资本的存在以一种对他来说无所谓的方式规定他的生活的内容。

生产不仅把人当作商品、当作商品人、当作具有商品的规定的人生产出来，它按照这个规定把人当作既在精神上又在肉体上非人化的存在物生产出来。

资本和土地的差别、利润和地租的差别，这二者和工资的差别。工业和农业之间、私有的不动产和私有的动产之间的差别，仍然是历史的差别，而不是基于事物本质的差别。

发达的私有财产必然战胜不发达的、不完全的私有财产。

对私有财产的扬弃，是人的一切感觉和特性的彻底解放。

私有制不懂得要把粗鄙的需要变为人的需要。它的理想主义不过是幻想、任意的奇想、突发的怪想。

生产对富人所具有的意义，明显地表现在生产对穷人所具有的意义中。对于上层来说总是表现得讲究、隐藏、含糊，是表象；而对于下层来说则表现得粗陋、明白、坦率，是本质。工人的粗陋的需要是比富人的讲究的需要大得多的赢利来源。

异化既表现为我的生活资料属于别人，我所希望的东西是我不能得到的、别人的占有物；也表现为每个事物本身都是不同于它本身的另一个东西，我的活动是另一个东西，而最后，这也适用于资本家，则表现为一种非人的力量统治一切。

国民经济学的一切论述都以私有财产为前提。

最强大的一种生产力是革命阶级本身。

资产阶级所谓的自由是虚假的，是用来欺骗群众的工具，贸易自由不外是资本发展的自由。

把所谓的分配看作事物的本质并重点放在它上面，那从根本上也是错误的。

分配的结构完全决定于生产的结构，分配本身就是生产的产物，不仅就对象说是如此。

供求实际上从来不会一致，如果它们达到一致，那也只是偶然现象。所以在科学上等于零，可以看作没有发生过的事情。

有些所有物按其本质来说，永远也不能具有那种预先被确定的私有财产的性质。

利益是讲求实际的，世界上没有比消灭自己的敌人更实际的事情了！

只有在空话有用，空话带来显著效果时，利益才会编造空话。那时，利益能说会道起来，血液在它的血管中流动得更快，那时，甚至损人利己的美好事情也干得出来。恭维奉承的言辞、悦耳动听的甜言蜜语也说得出来。

利益是没有记忆的，因为它只考虑自己。它念念不忘的只是一件东西，即最关心的东西——自己。矛盾丝毫不会使它惶恐不安，因为它不会和自身发生矛盾。它是经常随机应变的即兴作者，因为它没有一套体系，而只有临时的应急办法。临时的应急办法是利益的推理机制中最常用的因素。

有人认为，只要巧妙地把坏原则作为出发点，就可以为坏结论找到不容争辩的法律条款做依据。虽然可能原则的不适当正表现在它结论的缺点上，但是，只要你们老于世故，你们就会懂得聪明人是善于充分利用使他曾经获得成功的东西的。

私人利益代表者利用公共权力把罚款变成了自己的私人财产。

资本主义生产越发展，它就越不能采用作为它早期阶段的特征的那些小的哄骗和欺诈手段。

企业规模越大，雇佣的工人越多，每次同工人发生冲突时所遭受的损失和经营方面的困难也就越多。因此，工厂主们，尤其是那些最大的工厂主，就渐渐产生了一种新的想法。他们学会了避免不必要的纷争，默认工联的存在和力量，最后发现罢工——发生的最适时的罢工——也是实现他们自己目的的有效手段。

所有对正义和慈爱的让步，事实上只是一种手段，这种手段可以使资本加速集聚在少数人手中，并且压垮那些没有这种额外收入就活不下去的小竞争者。

工人阶级处境悲惨的原因不应当到这些小的弊病中去寻找，而应当到资本主义制度本身中去寻找。

1844年时，我还能用几乎是田园诗的笔调来描写的那些地区，现在随着城市的发展已经真正地陷入了同样衰败、荒凉和穷困的境地。

每隔10年，生产的进程就被普遍的商业危机强制性地打断一次，随后，经过一个长久的持续的停滞时期后，就是短短的繁荣年份，这种繁荣年份又总是以发疯似的生产过剩和最后再度崩溃而结束。

资本家在着手实现自己的伟大目标时，具有坚强的健全的理智，并且蔑视传统的原则，这是他们一向比大陆上沾染庸人习气较深的竞争者出色的地方。

第四节　有关货币的箴言

马克思刻画了他所处的那个金钱至上的时代，在那时，金钱是万能的，像神一样可以满足人的一切愿望。所以，人们渐渐沦为金钱的奴隶，金钱也成为衡量一切的标准。金钱几乎可以帮助人们买到一切，甚至是人们的崇拜与尊重，而这些都是不应该的。或许，在马克思的字里行间，我们也可以看到自己所处时代的部分影子，希望大家能够抵制住拜金主义的影响，树立正确的金钱观，拒绝成为金钱的奴隶。

财富的本质是一般劳动。

实际需要和自私自利的神就是金钱。

金钱贬低了人所崇拜的一切神，并把一切神都变成商品。

金钱是一切事物普遍的、独立自在的价值。因此它剥夺了整个世界——人的世界和自然界——固有的价值。

金钱是人的劳动和人的存在的同人相异化的本质，这种异己的本质统治了人，而人则向它顶礼膜拜。

犹太人想象中的民族是商人的民族，一般地说，是财迷的民族。

金钱，这个财产的外在化了的空洞抽象物，成为了世界的统治者。人已经不再是人的奴隶，而变成了物的奴隶。

货币必然战胜其他形式的私有财产。

依靠货币而对我存在的东西，我能为之付钱的东西，即货币能购买的东西，那是我——货币占有者本身。货币的力量多大，我的力量就多大。货币的特征就是我的——货币占有者的特征和本质力量。因此，我是什么和我能够做什么，绝不是由我的个人特征决定的。

我是丑的，但我能给我买到最美的女人。可见，我并不丑，因为丑的作用，丑的吓人的力量，被货币化为乌有了。

我就我个人特征而言是个跛子，可是货币使我获得24只脚。可见，我并不是跛子。我是一个邪恶的、不诚实的、没有良心的、没有头脑的人，可是货币是受尊重的，因此，它的占有者也受尊重。货币是最高的善，因此，它的占有者也是善的。

我是没有头脑的，但货币是万物的实际的头脑，货币占有者又怎么会没有头脑呢？再说他可以给自己买到颇有头脑的人，而能够支配颇有头脑的人，不是比颇有头脑者更有头脑吗？

既然我有能力凭借货币得到人心所渴望的一切，那我不是具有人的一切能力了吗？这样，我的货币不是就把我的种种无能变成它们的对立物了吗？

如果货币是把我同人的生活、同社会、同自然界和人联结起来的纽带，那么货币难道不是一切纽带的纽带吗？它难道不能够把一切纽带解开和联结在一起吗？因此，它难道不也是通用的分离剂吗？它既是地地道道的辅币，也是地地道道的黏合剂，它是社会的化合势。

货币是人类的外化的能力。

当我渴望食物或者我因无力步行而想乘邮车的时候，货币就使我获得食物和乘上邮车，就是说，它把我的那些愿望从观念的东西，把那些愿望从它们的想象的、表象的、期望的存在改变成和转化成它们的感性的、现实的存在，从观念转化成生活，从想象的存在转化为现实的存在。作为这样的中介，货币是真正的创造力。

当然，没有货币的人也有需求，但他的需求是纯粹观念的东西，它对我、对第三者、对其他人是不起任何作用的，是不存在的，因而对于我本人依然是非现实的，无对象的。如果我没有供旅行用的货币，那么我也就没有旅行的需要，就是说，没有现实的和可以实现旅行的需要。

如果我有进行研究的本领，而没有进行研究的货币，那么我也就没有进行研究的本领，即没有进行研究的有效的、真正的本领。相反，如果我实际上没有进行研究的本领，但我有愿望和货币，那么我也就有进行研究的有效的本领。

货币是一种外在的、并非从作为人的人和作为社会的人类社会产生的、能够把观念变成现实而把现实变成纯观念的普遍手段和能力，它把人的和自然界的现实的本质力量变成纯抽象的观念，并因而变成不完善性和充满痛苦的幻象；另一方面，同样把现实的不完善性和幻象，个人的实际上无力的、只在个人想象中存在的本质力量，变成现实的本质。

其次，对于个人和对于那些以独立本质自居的、社会的和其他的联系，货币也是作为这种颠倒黑白的力量出现的。它把坚贞变成背叛，把爱变成恨，把恨变成爱，把德行变成恶行，把恶行变成德行，把奴隶变成主人，把主人变成奴隶，把愚蠢变成明智，把明智变成愚蠢。

谁能买到勇气，谁就是勇敢的，即使他是胆小鬼。因为货币所交换的不是特定的品质，不是特定的事物，不是人的本质力量，而是人的、自然的整个对象世界，所以，从货币占有者的观点看来，货币能把任何特征和任何对象同其他任何即使与它相矛盾的特性和对象相交换，货币能使冰炭化为胶漆，能迫使仇敌相互亲吻。

对货币的需要是国民经济学所产生的真正需要，并且是它所产生的唯一需要。货币的量越来越成为货币的唯一强有力的属性，正像货币把任何存在物都归结为它的抽象一样，货币也在它自己的运动中把自身归结为量的存在物。无度和无节制成了货币的真正尺度。

仅仅供享受的、不活动的和供挥霍的财富的规定在于：享受这种财富的人，一方面，仅仅作为短暂的、恣意放纵的个人而行动并且把别人的奴隶劳动、把人的血汗看作自己的贪欲的虏获物，所以他把人本身，因而也把自己本身看作可牺牲的无价值的存在物。

在这里，对人的蔑视，表现为狂妄放肆，表现为对那可以维持成百人生活的东西的任意糟蹋，又表现为一种卑鄙的幻觉，即仿佛它的无节制的挥霍浪费和放纵无度的非生产性消费决定着别人的劳动，从而决定着别人的生存；它把人的本质力量的实现，仅仅看作自己无度的要求、自己突发的怪想和任意的奇想的实现。

但是，另一方面，财富又被仅仅看作手段，看作应当加以消灭的东西。

因而，他既是自己财富的奴隶，同时又是他的主人；既是慷慨大方的，同时又是卑鄙无耻的、性情乖张的、傲慢自负的、目空一切的、文雅的、有教养的和机智的。他还没有体验到这种财富是一种作为凌驾于自己之上的、完全异己的力量的财富。他宁愿把财富仅仅看作自身的力量，而且终极目的不是财富，而是享受。

第五节　有关劳动的箴言

马克思认为劳动是人的本质生命活动。人正是通过创造性的劳动活动展现自身的各种才能，发展自身的潜能，从而实现自身的全面发展。而在资本主义制度的制约下，劳动却仅仅成为了人的谋生手段，成为了人躲避的“瘟疫”，人们不能在这种劳动里找到自身的成就感和荣誉感。从马克思的文本中我们可以强烈地感受到他对资本主义异化劳动所持的批判态度，也可以感受到他对真正的劳动的歌颂，以及他对在共产主义社会中克服劳动的异化、实现人的自由全面发展的信心与热情。回顾这位伟大革命导师有关劳动的箴言，对于我们这些社会主义的建设者来说，将有助于我们树立积极的劳动态度，构建正确职业观，作为一名普通的劳动者为社会主义和谐社会贡献自己的力量。

劳动创造世界。

较高级复杂的劳动，是一种劳动力的表现，这种劳动力比普通的劳动力需要较高的教育费用，它的生产需要花费较多的劳动时间。因此，具有较高的价值。

体力劳动是防止一切社会病毒的伟大的消毒剂。

劳动和资本最初是同一个东西。

资本是积蓄的劳动。

资本是劳动的结果，它在生产过程中立刻又变成了劳动的基质、劳动的材料。

资本如果没有劳动、没有运动就是虚无的。

资本是对劳动及其产品的支配权力。

劳动是生产的主要要素，是财富的源泉，是人的自由活动。

劳动在国民经济学中仅仅以谋生活动的形式出现。

劳动为富人生产了奇迹般的东西，但是为工人生产了赤贫。

劳动生产了宫殿，但是给工人生产了棚舍。

劳动生产了美，但是使工人变成畸形。

劳动用机器代替了手工劳动，但是使一部分工人回到野蛮的劳动，并使另一部分工人变成机器。

劳动生产了智慧，但是给工人生产了愚钝和痴呆。

劳动对工人来说是外在的东西，也就是说，不属于他的本质。因此，他在自己的劳动中不是肯定自己，而是否定自己；不是感到幸福，而是感到不幸；不是自由发挥自己的体力和智力，而是使自己的肉体受折磨、精神遭摧残。

工人只有在劳动之外才感到自在，而在劳动中则感到不自在。因此，他的劳动不是自愿的劳动，而是被迫的强制劳动。因此，这种劳动不是满足一种需要，而只是满足劳动以外的那些需要的一种手段。

劳动的异己性完全表现在：只要肉体的强制或其他强制一停止，人们就会像逃避瘟疫那样逃避劳动。外在的劳动，人在其中使自己外化的劳动，是一种自我牺牲、自我折磨的劳动。

对工人来说，劳动的外在性表现在：这种劳动不是他自己的，而是别人的；劳动不属于他；他在劳动中也不属于他自己，而是属于别人。

人（工人）只有在运用自己的动物机能——吃、喝、生殖，至多还有居住、修饰等的时候，才觉得自己在自由活动，而在运用人的机能时，觉得自己只不过是动物。动物的东西成为人的东西，而人的东西成为动物的东西。

生活本身仅仅表现为生活的手段。

正是在改造对象世界的过程中，人才真正地证明自己是类存在物。这种生产是人的能动的类生活。通过这种生产，自然界才表现为他的作品和他的现实。因此，劳动的对象是人的类生活的对象化。人不仅像在意识中那样在精神上使自己二重化，而且能动地、现实地使自己二重化，从而在他所创造的世界中直观自身。

异化劳动从人那里夺去了他的类生活，即他的现实的类对象性，把人对动物所具有的优点变成缺点，因为从人那里夺走了他的无机的身体即自然界。

异化劳动把自主活动、自由活动贬低为手段，也就把人的类生活变成维持人的肉体生存的手段。

在异化劳动的条件下，每个人都按照他自己作为工人所具有的那种尺度和关系来观察他人。

劳动和劳动产品所归属的那个异己的存在物，劳动之为服务和劳动产品供其享受的那个存在物，只能是人自身。

异化借以实现的手段本身就是实践的。通过异化劳动，人不仅生产出他对作为异己的、敌对的力量的生产对象和生产行为的关系，而且还生产出他人对他的生产和他的产品的关系，以及他对这些他人的关系。

劳动是资本的要素，是资本的费用。因而，工资是资本的牺牲。

资本日益增加，劳动力随着人口的增长而增长，科学又日益使自然力受人类支配。这种无法估量的生产能力，一旦被自觉地运用并为大众造福，人类肩负的劳动就很快地减少到最低限度。

第三章　国家篇

第一节　有关国家的箴言

如果把国家比喻为一架机器，那么这架机器的创造者就是人民。而国家机器要想正常运转，就必须有人对它进行管理，而这些人就是国家的统治阶级。在资本主义社会中，资产阶级作为统治阶级，利用国家赋予的职权中饱私囊、假公济私，剥削广大无产阶级。而无产阶级只有联合起来，推翻资产阶级国家政权，才能为自己赢得自由和解放。马克思揭示了资本主义国家利用国家权力对人民实行多方面的控制，实际是想维护资产阶级的特权。而我们应该从根本上消灭阶级统治，在共产主义中实现每一个人的平等和自由。

爱国者的激烈，就是一种神圣的热情，他们的感情冲动就是一种恋人的激情，他们的狂妄是一种自我牺牲的忠诚，这种忠诚是无限的，因而不可能是温和的。

正如同不是宗教创造人，而是人创造宗教一样，不是国家制度创造人民，而是人民创造国家。

民主制是一切国家制度的实质，是作为特殊国家制度的社会化的人。

在官僚政治中，就单个的官僚来说，国家的目的变成了他的私人目的，变成了追逐高位、谋求发迹的手段。

权利绝不能超出社会的经济结构以及由经济结构制约的社会的文化发展。

如果说掠夺曾使少数人获得天然权利，那么多数人只需聚集足够的力量，便能获得把失去的一切重新夺回的天然权利。工人阶级的团结就是工人胜利的首要前提。

我们现在必须完全保持党的纪律，否则一切都会陷入淤泥中。

革命的社会主义就是宣布不断革命，就是无产阶级的阶级专政，这种专政是达到消灭一切阶级差别，达到消灭这些差别所产生的一切生产关系，达到消灭和这些生产关系相适应的一切社会关系，达到改变由这些社会关系产生出来的一切观念的必然的过渡阶段。

无产阶级夺取政权后在社会的经济改造中的任务：占有生产资料，使生产资料受联合起来的工人阶级支配，也就是消灭雇佣劳动、资本及其相互间的关系。

我们的利益和我们的任务要不间断地进行革命，直到把一切大大小小的有产阶级的统治全都消灭，直到无产阶级夺得国家政权，直到无产者的联合不仅在一个国家内，而且在世界一切举足轻重的国家内都发展到使这些国家的无产者之间的竞争停止，至少是发展到使那些有决定意义的生产力集中到了无产者手中。对我们说来，问题不在于改变私有制，而只在于消灭私有制；不在于掩盖阶级对立，而在于消灭阶级；不在于改良现存社会，而在于建立新社会。

正是旧的复杂的社会机体中阶级对抗的这种迅速而剧烈的发展，使革命成为社会进步和政治进步的强大推动力；正是新的党派的这种不断的迅速成长，一个接替一个掌握政权，使一个民族在这种剧烈的动荡时期，5年就走完在普通环境下100年还走不完的途程。

只有工人阶级是革命的最彻底的真正的战斗力量，它代表整个民族的真正的和被正确理解的利益。

起义也正如战争或其他各种艺术一样，是一种艺术，它要遵守一定的规则。

一切历史上的斗争，无论是在政治、宗教、哲学的领域中进行的，还是在其他意识形态领域中进行的，实际上只是或多或少明显地表现了各社会阶级的斗争，而这些阶级的存在以及它们之间的冲突，又为它们的经济状况的发展程度、它们的生产的性质和方式以及由生产所决定的交换的性质和方式所制约。

无产阶级要集中自己的一切破坏力量来反对这个国家机器。现代社会所需要的国家中央集权制，只能在旧的军事官僚政府机器的废墟上建立起来。

在资产阶级统治加强的情况下，农民日益革命化，认识到自身利益与资产阶级利益的对立。因此，他们就把负有推翻资产阶级制度使命的城市无产阶级看作自己的天然同盟者和领导者。

由于农民的支持，无产阶级革命就会得到一种合唱，若没有这种合唱，它在一切农民国度中的独唱是不免要变成孤鸿哀鸣的。

一个民族当它还在压迫其他民族的时候，是不可能获得自由的。

只有在伟大的社会革命支配了资产阶级时代的成果，支配了世界市场和现代生产力，并且使这一切都服从于最先进的民族的共同监督的时候，人类的进步才会不再像可怕的异教神怪那样，只有用被杀害者的头颅做酒杯才能喝下甜美的酒浆。

要使社会的新生力量很好地发挥作用，就只能由新生的人来掌握它们，而这些新生的人就是工人。

在民主的国家里，法律就是国王；在专制的国家里，国王就是法律。

这一点特别是得到一位德国国王（弗里德里希·威廉四世）的政治的、审美的饕餮的保证，这个国王想扮演王权的一切角色——封建的和官僚的，专制的和立宪的，独裁的和民主的；他想，这样做如果不是以人民的名义，便以他本人的名义，如果不是为了人民，便是为他自己本身。德国形成一种特殊领域的当代政治的缺陷，如果不摧毁当代政治的普遍障碍，就不可能摧毁德国特有的障碍。

对德国来说，彻底的革命、全人类的解放，不是乌托邦式的梦想，确切地说，部分的纯政治的革命，毫不触犯大厦支柱的革命，才是乌托邦式的梦想。部分的纯政治的革命的基础是什么呢？就是市民社会的一部分解放自己，取得普遍统治，就是一定的阶级从自己的特殊地位出发，从事社会的普遍解放。只有在这样的前提下，即整个社会都处于这个阶级的地位，也就是说，例如既有钱又有文化知识，或者可以随意获得它们，这个阶级才能解放整个社会。

要使人民革命同市民社会特殊阶级的解放完全一致，要使一个等级被承认为整个社会的等级，社会的一切缺陷就必定相反地集中于另一个阶级，一定的等级就必定成为引起普遍不满的等级，成为普遍障碍的体现；一种特殊的社会领域就必定被看作是整个社会中昭彰的罪恶，因此，从这个领域解放出来就表现为普遍的自我解放。

人们在研究国家现状时很容易走入歧途，即忽视各种关系的客观本性，而用当事人的意志来解释一切。但是存在着这样一些关系，这些关系既决定私人的行动，也决定个别行政当局的行动，而且就像呼吸的方式一样不以他们为转移。只要人们一开始就站在这种客观立场上，人们就不会违反常规地以这一方或那一方的善意和恶意为前提，而会在初看起来似乎只有人在起作用的地方看到这些关系在起作用。

虚伪自由主义的手法通常总是这样，在被迫让步时，它就牺牲人这个工具，而保全事物本身，即制度。这样就会转移从表面看问题的公众的注意力。对事物本身的愤恨就会变成对某些人的愤恨。

政府的理智是国家唯一的理性。

除了乏味的体裁之外，其余的一切体裁都是好的。

只有那些不彻底的攻击才是轻佻的，这种攻击只针对现象的个别方面。由于它本身不够深刻和严肃因而不能涉及事物的本质。正是仅仅对特殊事物本身的攻击才是轻佻的。

如果说对于宗教既不能用对敌人的方式去攻击，也不能用轻佻的方式去攻击，既不能一般的去攻击，也不能特殊的去攻击，就等于说根本不许攻击。

政治原则和基督教宗教原则的混淆已成了官方的信条。

书报检查的一般本质是建立在警察国家对它的官员抱有的那种虚幻而高傲的观念之上的。公众的智慧和良好的愿望被认为甚至连最简单的事情也办不成，而官员们则被认为是无所不能的。

断言现实的国家生活没有政治精神，政治精神不存在于现实国家之中。这样做是多么莽撞呀！

一个国家如果像古代雅典那样把谄媚者、寄生虫和阿谀逢迎之徒当作违背人民理性的人和人民中的丑类来加以惩处，这样的国家就是独立自主的国家。

一个民族如果像美好时代的所有民族那样只让宫廷弄臣享有思考和诉说真理的权利，这样的民族就只能是依附他人，不能自立的民族。

政府可以使精神的革命物质化，而物质的革命却必须首先使政府精神化。

人民革命是总体性的革命。

每个国家的人民都在各自的报刊中表现自己的精神。

我们想干什么，我们就要干什么，我怎么想就怎样下命令，意志代替合理的论据。这完全是统治者的语言，但在现代贵族的口里就显得委婉动听了。

为了拯救特权的特殊自由，有些人就斥责人类本性的普遍自由。

一些人在现代国家中的现实地位远不符合他们想象中的自身地位，由于他们生活在处于现实世界彼岸的世界里，由于他们用想象力来代替头脑和心脏，所以他们就不满意实践，就必然求助于理论，不过这是彼岸世界的理论即宗教。然而，他们这种宗教具有浸透着政治倾向的论战性的辛辣色彩，并且或多或少有意识地为十足世俗而又极其虚幻的愿望披上圣洁的外衣。

阴险的幸灾乐祸从各民族人民的伟大生活中抓住流言蜚语和个人传闻，它不承认历史的理性而只是向公众传播历史的丑闻；这种幸灾乐祸根本不能判断事物的本质，所以死抓住现象的个别方面，抓住个人传闻而强求保守秘密，以便把社会生活的任何污点都隐藏起来。这是由下流图景勾引起来的心灵和幻想的污浊。

以罪过为骄傲的幻想，以神秘途径来掩盖自己世俗的傲慢态度的卑鄙心灵，是对自己得救感到绝望，这种绝望想以否定上帝来压倒良心的呼声，这种绝望把个人的弱点变成了人类的弱点，为的是从自己的良心上去掉这一负担。这种绝望阻止人类遵循天生的自然规律，宣扬不成熟是一种必然现象。这是伪善，借口有一个上帝，却既不相信上帝的现实性也不相信善的全能。这是利己心，把个人得救置于整体得救之上。

有些人怀疑整个人类，却把个别人物尊为圣者。他们描绘出人类本性的可怕形象，同时却要求我们拜倒在个别特权人物的神圣形象面前。我们知道个人是弱小的，但是同时我们也知道整体是强大的。

按资格分类，是为了那些想用外来的特权来保护自己并使自己受人敬畏的不够资格的人的做法。

你怎么说就怎么写，怎么写就怎么说，在小学时老师就这样教导我们。可是后来人们却教训我们说：怎么指示你，你就怎么说；命令你说什么，你就写什么。

国家的真正的公共教育就在于，国家的合乎理性的公共存在。国家本身教育自己成员的办法是：使他们成为国家的成员；把个人的目的变成普遍的目的，把粗野的本能变成合乎道德的意向，把天然的独立性变成精神的自由；使个人以整体的生活为乐事，整体则以个人的信念为乐事。

基督教并不能判定制度的好坏，因为它不懂得制度之间的差别，它像宗教应该教导人们那样教导说：你们要服从执掌权柄者，因为任何权柄都出于神。因此，你们就不应该根据基督教，而应该根据国家的本性、国家本身的实质，也就是说，不是根据基督教社会的本性，而是根据人类社会的本质来判定各种国家制度的合理性。

从前研究国家法的哲学家是根据本能，例如功名心、善交际或者虽然根据理性，但并不是社会的，而是个人的理性来构想国家的。现代哲学持有更加理想和更加深刻的观点，它说根据整体观念来构想国家。它认为国家是一个庞大的机构，在这里，必须实现法律的、伦理的、政治的自由。同时，个别公民服从国家的法律也就是服从他自己的理性即人类性的自然规律。对聪明的人来说，指出这一点已经足够。

在宫廷主政时期，解体表现为放荡的轻佻，它懂得并嘲笑现存状况的思想空虚，但这只是为了摆脱一切理性的和道德的束缚，去戏弄腐朽的废物并且在这些废物的戏弄下被迫走向解体。这就是自己拿自己寻欢作乐的当时那个世界的腐败过程。

在国民议会时期，解体则表现为新精神从旧形式下的解放，因为旧形式已不配也不能容纳新的精神。这就是新生活对自身力量的感觉，新生活正在破坏已被破坏的东西，抛弃已被抛弃的事物。

封建制度就其广泛的意义来说，是精神的动物王国，是被分裂的人类世界。它和有区别的人类世界相反，因为后者的不平等现象不过是平等的色彩折射而已。

在实行单纯的封建等级制度的国家里，人类简直是按抽屉来分类的，那里伟大圣者的高贵的、彼此自由联系的肢体被割裂、隔绝和强行拆散，因此，在这样的国家里我们也发现动物崇拜，即原始形式的动物宗教，因为人总是把构成其真正本质的东西当作最高的本质。

在封建制度下，一种人靠另一种人生活，而最终是靠那种像水螅一样附在地上的人为生，后一种人只有许多只手，专为上等人攀摘大地的果实，而自身却靠尘土为生。

在自然的动物王国一般是工蜂杀死不劳而获的雄蜂，而在精神的王国恰恰相反，是不劳而获的雄蜂杀死工蜂——用劳动把他们折磨死。

难道每一个公民不都是通过一根根命脉同国家有着千丝万缕的联系吗？难道仅仅因为这个公民擅自割断了某一根命脉，国家就可以割断所有的命脉吗？

国家应该把违反某些管理条例的人，看作一个人，一个和它心血相通的活的肢体，一个保卫祖国的士兵，一个法庭应倾听其声音的见证人，一个应当承担社会职能的集体的成员，一个备受尊敬的家长，更应该首先把他看作国家的一个公民。

国家不能轻率地取消自己某一成员的所有职能，因为每当国家把一个公民变成罪犯时，它都是截断自身的活的肢体。

国家对于被告享有某种权利，因为国家对于这个人是以国家的身份出现的。因此就直接产生了国家的义务，即以国家的身份并按照国家的方式来对待罪犯。国家不仅有按照既符合自己的理性、自己的普遍性和自己的尊严，也适合于被告公民的权利、生活条件和财产的方式来行事的手段，而且国家义不容辞的义务就是拥有这些手段并加以利用。

私有财产没有办法使自己上升到国家的立场上来，所以国家就有义务使自己降低为私有财产的同理性和法相抵触的手段。

私人利益的空虚的灵魂从来没有被国家观念所照亮和熏染，它的这种非分要求对于国家来说是一个严重而切实的考验。如果国家哪怕在一个方面降低到这种水平，即按私有财产的方式而不是按自己本身的方式来行动，那么由此直接可以得出结论说，国家应该适应私有财产的狭隘范围来选择自己的手段。

私人利益非常狡猾，它会得出进一步的结论，把自己最狭隘和最空虚的形态宣布为国家活动的范围和准则。因此，且不说国家受到的最大屈辱，这里会得出截然相反的结果，有人会用同理性和法律相抵触的手段来对付被告。因为，高度重视狭隘的私有财产的利益就必然会转变为完全无视被告的利益。

私人利益希望并且正在把国家贬低为私人利益的手段，私人利益等级的代表希望并且一定要把国家贬低到私人利益的思想水平。

世袭所有者利用摒弃他们要求的时代进步，以便窃取野蛮人世界观所固有的私人惩罚和现代人世界观所固有的公共惩罚。

公共惩罚是国家理性地去消除罪行，因此，它是国家的权利。但是，它既然是国家的权利，国家就不能把它转让给私人，正如一个人不能把自己的良心转让给别人一样。

即使人们允许国家本身放弃自己的权利，即自杀身亡，但国家放弃自己的义务毕竟不仅是一种疏忽，而且是一种罪行。

如果私人滥用自己作为立法者的职权，以第三者的罪行为借口来窃取国家权利，他的罪名并不会因此就减轻。

国家可以而且必须说：国家保证法不受任何偶然事件的影响。

既然你们的私人利益能够受到合理的法律和合理的预防措施的保护，那么，国家无论如何是保护你们的私人利益的，但是，对于你们向罪犯提出的私人诉讼，国家除了承认私人诉讼权即保护民事诉讼的权利以外，不能承认其他任何权利。

世界不会因为缺乏对私人利益的保护而毁灭，国家也不会因此而脱离阳光照耀的正义大道。

如果国家观念、罪行本身和惩罚都降低为私人利益的物质手段，那么，人们把法庭的判决只看作是一种手段，把判决的法律效力看作是一种多余的累赘，这也是合乎逻辑的。

不应该同整个国家理性和国家伦理联系起来来解决每一个涉及物质的课题。

个别地方不应该成为整个喉舌，但是它应该是这个喉舌的一部分，因此，对它这部分来说也应该是代表全体和普遍利益的喉舌。

国家这一自然的精神王国，不应也不能在感性现象的事实中去寻找和发现自己的真实本质。

等级代表制只能由等级之间的本质差别，而不能由任何与这种本质无关的东西来决定。

如果我们要求从国家内部结构所造成和决定的那些现实差别出发，而不要从国家生活领域倒退到国家生活早就使其丧失意义的某些虚构的领域中去，我们就能发现现实存在的差别。

即使承认宗旨是明确的，也就是说在形式上是正确的，难道这就触及宗旨的内容和这个内容的真理性了吗?

等级会议代表一定要具有作为人的共同属性的智力，但是人并不一定具有作为等级的特殊属性的智力。换句话说，智力并不使人成为等级会议代表，它只是使等级会议代表成为人。

愿望、利益本身是不会说话的，会说话的只会是人。但是，难道土地、利益、愿望通过人，通过有智力的人表达了自己的要求，就会失去其局限性了?问题不在于智力的单纯形式，而在于智力的内容。

为自己的家园而奋斗的讲求功利的智力，跟不顾自己的家园为正义事业而斗争的自由的智力当然是不同的。服务于某个特定目的，某种特定事物的智力同支配一切事物和只为自己服务的智力是有根本区别的。

对智力来说，没有任何外在的东西，因为，它是一切事物的内在的起决定作用的灵魂。相反，对某个特定要素来说，除了它本身以外一切都是外在的东西。

在等级制的国家中，政府官员是国家利益本身的代表。

不应当把代表权理解为某种并非人民本身的事物的代表权，

而只应理解为人民自身的代表权，理解为一种国务活动，这种国务活动不是人民唯一的、独特的国务活动，它跟人民的国家生活的其他表现不同的只是它的内容的普遍性。

自然力只有在自己的国家复活中，在自己的政治再生中，才能获得在国家中的发言权。

国家用一些精神的神经贯穿整个自然，并在每一点上都必须表现出，占主导地位的不是物质，而是形式，不是没有国家的自然，而是国家的自然，不是不自由的对象，而是自由的人。

在真正的国家中，没有任何地产、工业和物质领域会作为粗陋的要素同国家达成协议，在这种国家中只有精神力量。

黑格尔说：婚姻本身按其概念来说，是不可离异的，但仅仅就其本身，即仅仅按其概念来说是如此。

一切伦理的关系，按其概念来说，都是不可解除的，如果以这些关系的真实性为前提，那么就容易使人相信了。真正的国家、真正的婚姻、真正的友谊都是不可分离的，但是，任何国家、任何婚姻、任何友谊都不完全符合自己的概念。

正像家庭中现实的友谊和世界史上现实的国家都是可以分离的一样，国家中现实的婚姻也是可以分离的。任何伦理关系的存在都不符合，或者至少可以说不一定符合自己的本质。

世界历史会决定一个国家是否已完全同国家观念相矛盾，以致不值得继续存在。

一个国家要决定在什么条件下现存的婚姻不再成其为婚姻。离婚无非是宣布婚姻是已经死亡的婚姻，它的存在仅仅是一种假象和骗局。

人们研究国家状况是很容易走入歧途的，即忽视各种关系的客观本性，而用当事人的意志来解释一切。

官员指摘私人把自己的私事夸大成国家利益，私人则指摘官员把国家利益缩小成自己的私事，缩小成一种把所有其他的老百姓都排斥在外的利益，其结果就是，在官员看来，同在文件中得到确认的，也就是得到官方及国家确认的现实以及基于这种现实的理性相比，即使是昭然若揭的现实也是虚构的。

在官员看来，只有当局的活动范围才是国家，而处于当局的活动范围以外的世界则是国家所支配的对象，它丝毫不具备国家的思想和判断力。

官员把大部分的过错推给私人，认为这些人的境况是他们自己造成的。一方面，他既不允许对官员一手创造出来的管理原则和制度的完善性表示怀疑，又不肯放弃这些原则和制度中的任何一项。在这些情况下，那些深知自己具有勤劳、节俭的精神，深知自己正在同自然界和社会关系进行艰苦斗争的私人，便反过来要求独揽创造国家生活大权的官员消除他们的贫困状况。

管理机构也根本不在自身范围以内，而是在自身范围之外寻找贫困的原因。他把这种原因或者归于不以人的意志为转移的自然现象，或者归于同管理机构毫无关系的私人生活，或者归于同任何人毫无关系的偶然事件。

官僚等级制度的成规和那些把公民分为两类，即分为管理机构中的积极的、自觉的公民和作为被管理者的消极的、不自觉的公民的原则，依照国家的自觉的、积极的存在体现于管理机构这一原则，每届政府都会把某一个地区涉及国家方面的状况看作自己的前任活动的结果，根据等级制度的成规，这个前任多半会升官，而且往往成为他的继任者的顶头上司。

当一个政府在已经确定的、对它自身也是起支配作用的管理原则和制度的范围内，越是勤勤恳恳地努力去消除引人注目的遍及整个地区的贫困状况，而这种贫困现象却越是顽强的持续存在下去，而且尽管有好的管理仍然越来越严重的时候，这个政府就会越发强烈的、真诚的、深信这种贫困状况是不治之症，深信他根本无法由管理机构即国家加以改变。

人民在政府身上渴求的是帮助，而不是劝告。

在官方尊严不允许触犯的性质下阻碍人们发表坦率言论，或者在国家法律不容触犯的性质下阻碍人们发表坦率言论，无论两种情况的某一种都根本没有任何真实可言。

每家报纸都会充分地体现出真正的道德精神，就像每一片玫瑰花瓣都散发出玫瑰的芳香并表现出玫瑰的特质一样。但是要使报刊完成自己的使命，首先必须不从外部为它规定任何使命，承认它具有连植物也具有的那种通常为人们所承认的东西，即承认它具有自己的内在规律，这些规律是它所不应该也不可能任意摆脱的。

正如我们不能要求任何一个人跳出他自己的躯壳一样，我们也不能要求个人或政党跳出他们自己的精神躯壳，要求他们大胆跳出自己的智力界限。

拿破仑还是把国家看作目的本身，而把市民生活仅仅看作司库和他不许有自己意志的下属。他用不断的战争来代替不断的革命，从而实施了恐怖主义。

拿破仑要求只要他的征服行动的政治目的需要，就立即牺牲资产阶级的生意、享乐、财富等。当他专横的压制资产阶级社会的自由主义的时候，只要资产阶级社会的最重要的物质利益同他的政治利益发生冲突，他就不再顾惜这些物质利益了，他对实业家的鄙视，是他对意识形态家的鄙视的补充。

现代国家的自然基础是市民社会以及市民社会中的人，即仅仅通过私人利益和无意识的自然必然性这一纽带同别人发生联系的独立的人，即为挣钱而干活的奴隶，自己的利己需要和别人的利己需要的奴隶。现代国家通过普遍人权承认了自己的这种自然基础本身。

现在也还有不少人，站在不偏不倚的高高在上的立场上向工人鼓吹一种凌驾于一切阶级对立和阶级斗争之上的社会主义，这些人如果不是还需要多多学习的新手，就是工人的最凶恶的敌人，是披着羊皮的豺狼。

没有工人阶级的帮助，资产阶级永远不能取得对国家的完全的社会统治和政治统治。

第二节　有关共产主义的箴言

共产主义是马克思毕生的奋斗理想，是无产阶级联合起来反对资产阶级政权的革命运动。工人阶级是共产主义革命运动的领导者，因为工人阶级作为无产阶级掌握着最先进的生产力，受资本主义社会的剥削最深重，他们的革命意志最坚定。共产党是无产阶级为夺取国家政权而成立的政党，领导广大无产阶级为实现共产主义理想进行现实的革命斗争。

共产主义是被扬弃了的私有财产的积极表现。

平等，作为共产主义的基础，是共产主义的政治的论据。

共产党人的最近目的是和其他一切无产阶级政党的最近目的一样的：使无产阶级形成为阶级，推翻资产阶级的统治，由无产阶级夺取政权。

共产主义的特征并不是要废除一般的所有制，而是要废除资产阶级的所有制。从这个意义上说，共产党人可以把自己的理论概括为一句话：消灭私有制。

在资本阶级社会里是过去支配现在，在共产主义社会里是现在支配过去。在资产阶级社会里，资本具有独立性和个性，而活动着的个人却没有独立性和个性。

共产主义并不剥夺任何人占有社会产品的权力，它只剥夺利用这种占有去奴役他人劳动的权力。

共产党人并没有发明社会对教育的作用；他们仅仅是要改变这种作用的性质，要使教育摆脱统治阶级的影响。

共产主义革命就是同传统的所有制关系实行最彻底的决裂。毫不奇怪，它在自己的发展进程中要同传统的观念实行最彻底的决裂。

共产党人到处都支持一切反对现存的社会制度和政治制度的革命运动。

共产党人到处都努力争取全世界民主政党之间的团结和协调。

共产党人不屑于隐瞒自己的观点和意图。他们公开宣布：他们的目的只有用暴力推翻全部现存的社会制度才能达到。让统治阶级在共产主义革命面前发抖吧！无产者在这个革命中失去的只是锁链。他们获得的将是整个世界。

《共产党宣言》的任务，是宣告现代资产阶级所有制必然灭亡。

共产主义是关于无产阶级解放的条件的学说。

共产主义是对私有财产即人的自我异化的积极的扬弃，因而是通过人并且为了人而对人的本质的真正占有。因此，它是人向自身、也就是向社会的即合乎人性的人的复归，这种复归是完全的复归，是自觉实现并在以往发展的全部财富的范围内实现的复归。这种共产主义，作为完成了的自然主义，等于人道主义；而作为完成了的人道主义，等于自然主义，它是人和自然界之间、人和人之间的矛盾的真正解决，是存在和本质、对象化和自我确证、自由和必然、个体和类之间的斗争的真正解决。它是历史之谜的解答，而且知道自己就是这种解答。

社会主义是人的不再以宗教的扬弃为中介的积极的自我意识，正像现实生活是人的不再以私有财产的扬弃即共产主义为中介的积极的现实一样。共产主义是作为否定的否定的肯定，因此，它是人的解放和复原的一个现实的，对下一段历史发展来说是必然的环节。共产主义是最近将来的必然的形态和有效的原则，但是，这样的共产主义并不是人类发展的目标，并不是人类社会的形态。

共产主义绝不是人所创造的对象世界的消逝、舍弃和丧失，绝不是人的采取对象形式的本质力量的消逝、舍弃和丧失，绝不是返回到非自然的、不发达的简单状态去的贫困。恰恰相反，共产主义才是人的本质的现实的生成，是人的本质对人来说的真正的实现，或者说，是人的本质作为某种现实的东西的实现。

如果我们把共产主义本身称为对人的本质的占有，而这种占有以否定私有财产作为自己的中介，因而还不是真正的、从自身开始的肯定，而只是从私有财产开始的肯定，可见，既然人的生命的现实的异化仍在发生，而且人们越意识到它是异化，它就越成为更大的异化。所以，对异化的扬弃只有通过付诸实行的共产主义才能完成。要扬弃私有财产的思想，有思想上的共产主义就完全够了。而要扬弃现实的私有财产，则必须有现实的共产主义行动。历史将会带来这种共产主义行动，而我们在思想中已经认识到的那正在进行自我扬弃的运动，在现实中将经历一个极其艰难而漫长的过程。

无产阶级和资产阶级之间的对抗仍然是阶级反对阶级的斗争，这个斗争的最高表现就是全面革命。

在所有的文明国家，民主主义的必然结果都是无产阶级的政治统治，而无产阶级的政治统治又是实行一切共产主义措施的首要前提。因此在民主主义还未实现以前，共产主义者和民主主义者就要并肩战斗，民主主义者的利益也就是共产主义者的利益。

共产主义是随着生活本身的要求而产生的，它不是教义，而是社会运动，它不是从原则出发，而是从事实出发。

在实践方面，共产党人是各国工人政党中最坚决的、始终起推动作用的部分；在理论方面，他们胜过其余无产阶级群众的地方在于他们了解无产阶级运动的条件、进程和一般结果。

共产主义不是一种单纯的工人阶级的党派新学说，而是一种最终目的在于把连同资本家在内的整个社会从现存关系的狭小范围中解放出来的理论。

共产党人的最近目的是使无产阶级形成为阶级，推翻资产阶级的统治，由无产阶级夺取政权。无产阶级夺取政权后的主要任务是利用自己的政治统治，一步一步地夺取资产阶级的全部资本，把一切生产工具集中在国家即组织成为统治阶级的无产阶级手里，并且尽可能快地增加生产力的总量。

代替那存在着阶级和阶级对立的资产阶级旧社会的，将是这样一个联合体，在那里，每个人的自由发展是一切人的自由发展的条件。

权利平等不仅是各种权利的平等，而且也是我们对共产主义梦想的理解。

只要有产阶级不但自己不感到有任何解放的需要，而且还全力反对工人阶级的自我解放，工人阶级就应当单独地准备和实现社会变革。

第三节　有关宗教的箴言

在我们所处的这个宗教信仰自由的时代，马克思有关宗教的箴言就不那么容易被我们理解了。我们反对封建迷信非法邪教对人心的蛊惑，马克思所反对的是在他所处的时代里，那种已成为人们心灵禁锢的宗教，以及那种借上帝之名为自己敛财牟利的虚假宗教。而我们想要实现人的解放，就必须帮助人们解放思想。在马克思所处的时代，要想人在思想中获得解放，就必须首先将人们从宗教中解放出来，这就使得马克思对宗教进行了激烈地批判。

宗教是人的本质在幻想中的实现。

宗教是人民的鸦片。

宗教里的苦难既是现实的苦难的表现，又是对这种现实的苦难的抗议。

宗教是被压迫生灵的叹息，是无情世界的情感，正像它是无精神活力的制度的精神一样。

废除作为人民的虚幻幸福的宗教，就是要求人民的现实幸福。

宗教只是虚幻的太阳，当人没有围绕自身转动的时候，它总是围绕着人转动。

对宗教的批判撕碎锁链上那些虚幻的花朵，不是要人依旧戴上没有幻想没有慰藉的锁链，而是要让人扔掉它，采摘新鲜的花朵。

路德战胜了虔信造成的奴隶制，是因为他用信念造成的奴隶制代替了它。

路德破除了对权威的信仰，是因为他恢复了信仰的权威。

路德把肉体从锁链中解放出来，是因为他给人的心灵套上了锁链。

民主制国家，真正的国家不需要宗教从政治上充实自己。

国家从宗教中解放出来不等于现实的人从宗教中解放出来。

信仰的特权是普遍的人权。

基督教的天堂幸福的利己主义，通过自己完成了的实践，必然要变成犹太人的肉体的利己主义，天国的需要必然变成尘世的需要，主观主义必然要变成自私自利。

新教的伪善代替了天主教的坦诚。

因为非理性世界存在，所以神才存在。

把宗教搬到政治中去，企图按照世俗的方式规定宗教在政治中应当以什么姿态出现，这是不折不扣的甚至是反宗教的狂妄要求。

道德只承认自己普遍的和合乎理性的宗教，宗教则只承认自己特殊的现实的道德。

从道德和宗教之间的根本矛盾出发的道德家认为，道德的基础是人类精神的自律，而宗教的基础正是人类精神的他律。

拜物教是感性欲望的宗教。

欲望引起的幻想诱惑了偶像崇拜者，使他认为无生命的东西为了满足偶像崇拜者的贪欲可以改变自己的自然特性。因此，当偶像不再是偶像崇拜者的最忠顺的奴仆时，偶像崇拜者的粗野欲望就会砸碎偶像。

新教神学家们根本不信神，以至不容许圣经同自己的理智发生矛盾；又因为这些神学家拼命假装虔诚，以至不容许自己的理智同圣经发生矛盾。所以他们就把圣经上的明明白白的话和简单的意思加以篡改、歪曲和曲解。

无论关于自己，还是关于神都没有形成有价值的真正概念，就连伦理、道德在它那里也永远脱离不了外来的补充，脱离不了不高尚的限制，甚至它的德行，与其说是出于对真正完美的追求，还不如说是出于对粗野的力量、无约束的利己主义、对荣誉的渴求和勇敢的行为。

在考察基督同信徒结合为一体的原因和实质及其作用之前，我们应当弄清，这种结合是否必要，是否由人的本性所决定，人是否不能依靠自己来达到上帝创造出人所要达到的那个目的。

古代的民族，那些未曾聆听过基督教义的野蛮人，当他们向诸神贡献祭品，妄想以此来赎罪的时候，他们便表现出内心的不安，害怕自己的神发怒，深信自己是卑贱的。

连古代最伟大的哲人、神圣的柏拉图，也在不止一处表示了对一种更高存在物的深切渴望，以为这种存在物的出现可以实现那尚未得到满足的对真理和光明的追求。

当我们考察各个人的历史，考察人的本性的时候，我们虽然常常看到人心中有神性的火花、好善的热情、对知识的追求、对真理的渴望，但是欲望的火焰却在吞没永恒的东西的火花，罪恶的诱惑声在淹没崇尚德行的热情，一旦生活使我们感到它的全部威力，这种崇尚德行的热情就会受到嘲弄。

对尘世间富贵功名的庸俗追求排挤着对知识的追求，对真理的渴望被虚伪的甜言蜜语所熄灭，可见，人是自然界唯一达不到自己目的的存在物，是整个宇宙中唯一不配做上帝创造物的成员。但是善良的创世主不会憎恨自己的创造物，他想要使自己的创造物变得像自己一样高尚。

基督把同他结合为一体的必要性表达得最清楚的地方，就是葡萄藤和枝蔓这一绝妙的比喻，这里他把自己比作葡萄藤，而把我们比作枝蔓，枝蔓依靠本身的力量是不能结果实的，因此，基督说没有我，你们就无所作为。

葡萄枝蔓不仅会仰望栽种葡萄的人，如果它能有感觉的话，它会紧紧贴在藤上，它会感到自己与葡萄藤和长在藤上的其他葡萄枝蔓紧密地联结在一起，它会爱其他的枝蔓，因为是同一个栽种葡萄的人照料着它们，是同一个藤身给它们以力量。

因此我们的心、理性、历史、基督的道都响亮且令人信服地告诉我们，同基督结合为一体是绝对必要的，离开基督，我们就不能够达到自己的目的；离开基督，我们就会被上帝所抛弃，只有基督才能够拯救我们。

由于我们深信这种结合是绝对必要的，所以，我们迫切地想弄清楚这种崇高的赐予，这道从更高的世界照入我们心中，使我们的心受到鼓舞，并在被净化以后升入天堂的光芒究竟是什么含义，这种结合的内在实质和原因是什么？

一旦理解了结合的必要性，我们就会十分清楚地看到这种结合的原因，以及我们要求拯救的需要、我们喜欢做恶的本性、我们动摇的理性、我们堕落的心、我们在上帝面前卑贱的地位，我们就再也不用去研究这些结合的原因了，无论这些原因是什么样的。

在同基督的结合中，我们首先使用爱的眼神注视上帝，感到对他有一种最热忱的感激之情，心悦诚服地拜倒在他的面前。

在这个以后，在一轮更加绚丽的太阳由于我们同基督结合为一体而为我们升起的时候，在我们充分地感觉到自己的卑贱，同时又为自己得到拯救而欢呼的时候，我们才会爱上那位先前我们认为是受辱的主宰者，而现在看来却是宽宏大量的父亲、善良的教导者的上帝。

同基督结合为一体，就是同基督实现最密切和最生动的精神交融，我们用眼睛看到他，心中想着他，而且由于我们对他满怀最崇高的爱，我们同时也就把自己的心向着我们的弟兄们，因为基督将他们和我们紧密联结在一起，并且他也为他们而牺牲自己。

这种对基督的爱不是徒劳的，这种爱不仅使我们对基督满怀最纯洁的崇敬和爱戴，而且使我们遵从他的命令，彼此为对方作出牺牲，做一个有德行的人，但只是出于对他的爱而做一个有德行的人。

基督教的德行与任何别的德行不同，基督教的德行超越了任何别的德行，这就是使人同基督结合为一体的最伟大的作用之一。

德行已经不是斯多亚派哲学所描绘的那种阴暗的讽刺画，它也不是我们在一切信奉异教的民族那里所遇到的那种关于义务的严峻学说的产物，一切德行都是出于对基督的爱，出于对神的爱，正是因为出于这种纯洁的根源，德行才摆脱了一切世俗的东西而成为真正神性的东西。

任何令人讨厌的方面都隐匿不见了，一切世俗的东西都沉没了，所有粗野的东西都消失了，德行变得更加超凡脱俗，同时也变得更加温和、更近人情。

人的理性从来也无法这样来描述德行，它的德行本来总是有局限性的，总是世俗的德行。

一个人一旦达到这种德行，这样同基督结合为一体，他就将平静而沉着的迎接命运的打击，勇敢地抵御各种激情的风暴，无畏地忍受恶的盛怒，因为谁能征服他，谁能夺走他的救世主呢？

他知道，他所祈求的东西将会得到，因为他只是在同基督结合为一体时发出祈求的，所以，他所祈求的只是神性的东西，而救世主自己做出的许诺难道还不能使人变得高尚并得到安慰吗？

既然谁都知道由于他在基督里面，他的所作所为表现了对上帝本身的崇敬，他的完美无缺会使造物主变得崇高，谁会不甘愿去忍受苦难呢？

同基督结合为一体可使人内心变得高尚，在苦难中得到安慰，有镇定的信心和一颗不是出于爱好虚荣也不是出于渴求名望，而只是为了基督而向博爱和一切高尚而伟大的事物敞开的心。

同基督结合为一体会使人得到一种快乐，这种快乐是伊壁鸠鲁主义者在其肤浅的哲学中，比较深刻的思想家在知识的极其隐秘的深处企图获得而又无法获得的，这种快乐只有同基督并且通过基督同上帝结合在一起的天真无邪的童心，才能体会得到，这种快乐会使生活变得更加美好和崇高。

第四节　有关法律的箴言

法律面前人人平等。法律是维护社会公平正义的基本准绳。然而，在资本主义社会里，资产阶级是法律的制定者，资本主义社会的法律也演化成为资产阶级为自己牟利的手段，使资本主义的剥削也披上了合法的外衣。然而马克思对此进行了毫不留情的批判，揭露了资本主义社会法律的本质是维护资产阶级的统治。马克思认为，真正的法律应该是人民意志的自觉表现。

法典就是人民自由的圣经。

真正的法律是人的行为本身必备的规律，是人的生活的自觉反映。

出版法是真正的法律，因为它反映自由的肯定存在。

法的关系正像国家的形式一样，既不能从它们本身来理解，也不能从所谓人类精神的一般发展来理解，相反，它们根源于物质的生活关系。

如果法院遵循它自己固有的法规，而不遵循其他领域的规律的话，审判自由就是审判自由。

我们为穷人要求习惯法，而且要求的不是地方性的习惯法，而是一切国家的穷人的习惯法。我们还要进一步说明，这种习惯法按其本质来说只能是这些最底层的一无所有的基本群众的法。

法律只能是现实在观念上的有意识的反映，只能是实际生命力在理论上的自我独立的表现。

对于法律来说，我的行为就是法律在处置我时所应依据的唯一的东西。

追究思想的法律不是国家为它的公民颁布的法律，而是一个党派用来对付另一个党派的法律。

追究倾向的法律取消了公民在法律面前的平等。这是制造分裂的法律，不是促进统一的法律。而一切制造分裂的法律都是反动的：这不是法律，而是特权。

当政集团臆造了一套追究倾向的法律，报复的法律，来惩罚思想，其实它不过是政府官员的思想。追究思想的法律是以无思想和不道德而追求实利的国家观为基础的。

现实的预防性法律是不存在的。法律只是作为命令才起预防作用。法律只是在受到践踏时才成为实际有效的法律，因为法律只是在自由的无意识的自然规律变成有意识的国家法律时，才成为真正的法律。

哪里法律成为实际的法律即成为自由的存在，哪里法律就成为人的实际的自由存在。

法律是不能预防人的行为的，因为它是人的行为本身的内在的生命规律，是人的生活的自觉反映。

法律在人的生活即自由的生活面前是退让的，而且只有当人的实际行为表明人不再服从自由的自然规律时，自然规律作为国家法律才强迫人成为自由的人。

法律是普遍的，应当根据法律来确定的案件是个别的。要把个别的现象归结为普遍的现象，就需要判断。判断是件棘手的事情，要执行法律就需要法官。

法律是事物的法理本质的普遍和真正的表达者。因此，事物的法理本质不能按法律行事，而法律反倒必须按它的法理本质行事。

无论如何，也无法迫使人们相信没有罪行的地方有罪行，这样做是颠倒黑白、混淆是非，把罪行本身变成合法的行为。而人民看到的是惩罚，看不到罪行，这是因为他们在没有罪行的地方，看到了惩罚。而在有惩罚的地方也就看不到罪行了。

如果不考虑任何差别的严厉手段，会使惩罚毫无效果，因为它会取消作为法的结果的惩罚。

如果罪行这个概念要求惩罚，那么罪行的现实就要求有一个惩罚的尺度。实际的罪行是有界限的，因此，为了使惩罚成为实际的，惩罚就应该是有界限的。为了使惩罚成为公正的，惩罚就应该受到法律原则的限制。

惩罚在罪犯看来应该表现为他的行为的必然结果，因而，表现为他自己的行为。所以他受惩罚的界限应该是他的行为的界限。犯法的一定内容就是一定罪行的界限。因此，衡量这一内容的尺度就是衡量罪行的尺度。

如果一个人故意犯法，那么就应该惩罚他这种明知故犯；如果他犯法是由于习惯，那么就应该惩罚他这种不良习惯。

在实施普通法律的时候，合理的习惯法不过是制定法所认可的习惯，因为法并不因为被确认为法律而不再是习惯，但它不再仅仅是习惯。

对于一个守法者来说，法已成为他的习惯，而违法者则被迫守法，纵然法并不是他的习惯。

法不再取决于偶然性，即不再取决于习惯是否合理。恰恰相反，习惯之所以成为合理，是因为法已变成法律，习惯已成为国家的习惯。

习惯法作为与制定法同时存在的一个特殊领域，只有在法和法律并存，而习惯是制定法的预先实现的场合才是合理的。因此根本谈不上特权等级的习惯法。法律不但承认他们的合理权利，甚至经常承认他们的不合理的非分要求。特权等级没有权利预示法律，因为法律已经预示了他们的权利可能产生的一切结果。因此，特权等级坚持要求习惯法，只不过是要求提供能够得到小小乐趣的领地，目的是要使那个在法律中被规定出合理界限的内容，在习惯中为超出合理界限的怪癖和非分要求找到活动场所。

贵族的这些习惯法是同合理的法的概念相抵触的习惯，而贫民的习惯法则是同实在法的习惯相抵触的法。贫民的习惯法的内容并不反对法律形式，它反对的倒是自己本身的不定形状态。法律形式并不同这一内容相抵触，只是这一内容还没有具备这种形式。

各种最自由的立法在私法方面，只限于把已有的法表述出来，并把它们提升为普遍的东西。

立法对于那些既有法而又有习惯的人是处理得当的，但是对于那些没有法而只有习惯的人却处理不当。立法者认为任意的非分要求具有合理的法律内容，他们就把这些要求变成合法的要求。

贫穷阶级的某些习惯中存在着合乎本能的法的意识，这些习惯的根源是实际的和合法的。而习惯法的形式在这里更是合乎自然的，只是这种习惯在有意识的国家制度范围内还没有找到应有的地位。

事物的本质要求独占，是因为私有财产的利益想出了这个主意。相当于某些财迷心窍的生意人想出了时髦潮流一样。

明智的立法者预防罪行是为了避免惩罚罪行，但是他预防的办法不是限制法的领域，而是为该法提供实际的活动领域，从而消除每一个法的动机中的否定本质。

明智的立法者他不是局限于替某个阶级的成员消除一切使他们不能进入更高合法领域的东西，而是给这一阶级本身以运用法的现实可能性。

立法者责无旁贷的义务起码是，不要把那些仅仅有环境造成的过错变成犯罪，他必须以最伟大的仁慈之心，把这一切当作社会混乱来加以纠正。如果把这些过错当作危害社会的罪行来惩罚，那就是最大的不法。

处罚不应该比过错引起更大的恶感，犯罪的耻辱不应该变成法律的耻辱。如果不幸成为犯罪或者犯罪成为不幸，那么这就会破坏国家的基础。

有道德的立法者应当认定，把过去不算犯罪的行为列入犯罪行为的领域，是最严重、最有害而又最危险的事情。

真正的立法者除了不法行为之外，不应该害怕任何东西。但是作为立法者的利益却只知道，害怕法的后果害怕为非作歹的人，因而就颁布法律来对付他们。

残酷是怯懦所制定的法律的特征，因为怯懦只有变成残酷时，才能有所作为。私人利益总是怯懦的，因为那种随时都可能遭到劫夺和损害的身外之物，就是私人利益的心和灵魂。有谁会面临失去心和灵魂的危险而不战栗呢？

如果自私自利的立法者的最高本质是某种非人的、异己的物质，那么这种立法者怎么可能是人道的呢？

当他害怕的时候，他是可怕的——这句格言可以作为一切自私自利和怯懦的立法的写照。

我根本不认为个人应该成为对付法律的保障，相反，我认为法律应该成为对付个人的保障。即使是最大胆的幻想能不能设想，那些在立法这种崇高事业中一分钟也不能摆脱狭隘的、实际上是卑鄙的自私心理而达到普遍和客观观点的理论高度的人，那些一想到将来要吃亏就全身发抖，为了保护自己的利益可以不择手段的人，在实际危险面前会成为哲学家吗？

任何个人，甚至最优秀的立法者也不应该使他个人凌驾于他的法律之上，任何人都无权要求别人对自己投信任票，因为这种投票对第三者带来后果。

法在外部世界的坏人中间产生不良的后果，而不法却发源于颁布关于不法行为的法令的高尚人物内心的良好动机。

如果法律是自私自利的，那么大公无私的判决还有什么用处呢？法官只能一丝不苟地表达法律的自私自利，只能无所顾忌地运用它。在这种情况下，公正是判决形式，但不是判决的内容。

内容已被法律预先规定了。如果诉讼无非是一种毫无内容的形式，那么，这种内容上的琐事就没有任何独立的价值了。

诉讼和法律之间的联系如此密切，就像植物外形和植物本身的联系一样，就像动物外形和动物血肉的联系一样。

使诉讼和法律获得生命的应该是同一种精神，因为诉讼只不过是法律的生命形式，因而也是法律的内部生命的表现。

如果立法者认为，婚姻的本质不是人的伦理性，而是宗教的神圣性，因而以上天注定代替自己作主，以自然的恩准代替内心的、自然的奉献，以消极的顺从那凌驾于这种关系的本性之上的戒律代替忠诚地服从这种关系的本性，那么，如果这位信教的立法者也把婚姻从属于教会，把世俗婚姻置于教会当局的最高监督之下，我们能指责他吗？这样做难道不是简单的和必然的结果吗？

与其说信教的立法者反对的并不是世俗婚姻的离异，倒不如说，他反对的是婚姻的世俗本质。他一方面竭力使婚姻失去其世俗性；另一方面在不可能做到这一点的地方，则竭力使婚姻的世俗性仅仅作为被容忍的一面每时每刻都感觉到自己的局限性，竭力去摧毁它的后果的罪恶反抗。

立法者应该把自己看作是一个自然科学家，他不是在创造法律，不是在发明法律，而仅仅是在表述法律，他用有意识的实在法把精神关系的内在规律表现出来。

如果一个立法者用自己的臆想来代替事情的本质，那么人们就应该责备他极端任性。同样，如果私人想违反事物的本质肆意妄为时，立法者也有权利把这种情况看作是极端任性。

谁也不是被迫结婚的，但是，任何人只要结了婚，那他就得服从婚姻法。结婚的人既不是在创造婚姻，也不是在发明婚姻。正如游泳者不是在发明水和重力的本性和规律一样，所以，婚姻不能听从结婚者的任性，相反，结婚者的任性应该服从婚姻。

任何的离婚都是家庭的离散，就是纯粹从法律观点看来，子女及财产也不能按照随心所欲的意愿和臆想来处理。如果婚姻不是家庭的基础，那么它也就会像友谊一样，不是立法的对象了。

只有当法律是人民意志的自觉表现，因而是同人民的意志一起产生并由人民的意志所创立的时候，才会有确实的把握，正确而毫无成见地确定某种伦理关系的存在不再符合其本质的那些条件，做到既符合科学所达到的水平，又符合社会上已形成的观点。

我们希望一种恶劣存在的合法地位不受侵犯，并不是因为它恶劣，而是因为它的恶劣性包藏于思想之中，而对于思想来说，既没有法典，也没有法庭。

自由主权可以有两种解释：一种是说自由纯粹是国王的个人的思想方式，因而也就是他的个人特征；另一种是说自由是主权的精神，因而已经或者至少是应当通过自由的机构和法律获得实现。在前一种情况下，人们碰到的是专制；在后一种情况下，则是用法律作为观察事物的眼睛。

合法的发展不可能没有法律的发展，因为法律的发展不可能没有对法律的批评，而对法律的任何批评都会在公民的脑子里，因而也在他们的内心里，引起与现存法律的不协调，又因为这种不协调给的感觉是不满意的，所以法律将得到改善。

第五节　有关自由的箴言

自由是最高的人类价值。我们也从革命先烈那里听到过“不自由，毋宁死”的豪言壮语。马克思认为自由不是轻易就能实现的，而要实现真正的自由，在资本主义社会中是不可能的。资产阶级控制了报刊、杂志，侵犯了人最基本的言论自由；一些为资本主义辩护的思想家认为，只要思想自由就实现人的自由了。马克思对类似一些唯心主义的自由进行了批判，他认为自由不仅应该在思想中实现，也应该在现实生活中实现，真正的自由只有在共产主义社会中才会实现，所谓的资本主义社会对自由的保护都是欺骗。

自由是可以做和可以从事任何不损害他人的事情的权利。

自由是全部精神存在的类本质。

没有人是带着镣铐出世的，因而每个人都拥有思想自由。

对人来说不自由是一种真正致命的危险。

一些自由派认为，把自由从现实的坚实土地上移到幻想的太空就是尊重自由，这是自欺欺人。自由之所以直到现在仍然只是一种幻想和伤感的愿望，一部分责任主要由他们来负。

如果一种自由只有在其他各种自由背叛它们自己而自认为是它的附庸时，它才容许它们存在，这是这种自由气量狭窄的表现。

行业自由只是行业自由，而不是其他什么自由，因为在这种自由中，行业的本性是按其生命的内在原则不受阻挠地形成起来的。

自由的每一特定领域就是特定领域的自由，同样，每一特定的生活方式就是特定自然的生活方式。

自由的每一种形式都制约着另一种形式，正像身体的这一部分制约着另一部分一样。只要某一种自由成了问题，那么，整个自由都成问题。只要自由的某一种形式受到指责，那么，整个自由都受到指责，自由就只能形同虚设，而此后不自由究竟在什么领域内占统治地位，将取决于纯粹的偶然性。不自由成为常规，而自由成为偶然和任性的例外。

如果认为自由是特殊的存在，涉及自由是特殊的问题，那是再错误不过的了。这是特殊领域内的一般问题。自由终归是自由，无论它表现在油墨上、土地上、信仰上或是政治会议上。

人类分成为若干特定的动物种属，决定他们之间的联系不是平等，而是不平等，法律所确定的不平等。不自由的世界要求不自由的法，因为这种动物的法是不自由的体现，而人类的法是自由的体现。

自由意志并没有等级的特性。

被利益的诡辩牵着鼻子走的自由意志，应该懂得待人接物之道，它应该成为谨言慎行的、忠顺的自由意志，成为善于使自己活动范围同那些享有特权的私人的任意的活动范围相一致的自由意志。

自由这一人权的实际应用就是私有财产这一人权。

如果不自由是人的本质，那么自由就同人的本质相矛盾。这种断言纯粹是同义反复。

如果人类不成熟成为反对新闻出版自由的神秘论据，那么无论如何书报检查制度都是反对人类成熟的一种最明智的办法。

自由可能产生恶，但我们不能因此说自由是恶的。

没有一个人反对自由，如果有的话，最多也只是反对别人的自由。

自由确实是人的本质，因此就连自由的反对者在反对自由的实现的同时也实现着自由。因此他们想把曾被他们当作人类本性的装饰品而摒弃了的东西攫取过来，作为自己最珍贵的装饰品。

各种自由向来就是存在的，不过有时表现为特殊的特权，有时表现为普遍的权利而已。

用清醒的声音唱歌，可以唱得最好，可以产生最大的效果。但是，辩论人看来只知道激情的直感的灼热，却不懂得追求真理的高度激情，不懂得理性的必然热情和道义力量的不可抗拒的热忱。

自由报刊是人民精神洞察一切的慧眼，是人民自我信任的体现，是把个人同国家和世界联合起来的有声的纽带，是使物质都升华为精神斗争，并且把斗争的粗糙物质形式观念化的一种获得体现的文化。

自由报刊是人民在自己面前的毫无顾虑的忏悔，大家知道坦白的力量是可以使人得救的。

自由报刊是人民用来观察自己的一面精神上的镜子，而自我审视是智慧的首要条件。

自由报刊是观念的世界，它不断从现实世界中涌出，又作为越来越丰富的精神唤起新的生机，流回现实世界。

第四章　哲学篇

第一节　有关哲学本质的箴言

哲学是令人费解的，它以抽象的语言为我们提供世界观、人生观和方法论的指导。哲学所讲的内容与我们现实的生活有一定的距离，它来源于我们对生活最深刻的反思，最后又以高于生活的形式表现出来。马克思的哲学思想包含着让哲学回归生活的基本构想，任何哲学都是对自己所处时代的人们精神生活的理论反映，这就是哲学的本质。物质生活决定精神生活，物质基础决定上层建筑，这是马克思唯物主义的哲学思想。正是出于这样的哲学认识，马克思对哲学提出了新的要求。如果说以前的哲学只是帮助人们认识世界进而解释世界，但马克思认为哲学更应该帮助人们去改造世界，帮助人们使世界变得更加美好。然而，哲学从来都是难以用简短的话语清楚地表达自身的，或许正是因为这种难以理解，又使得对哲学感兴趣的人觉得它极富魅力，马克思的哲学也是如此。哲学家头脑中的智慧与深刻，是需要我们花时间慢慢领悟的，希望更多的人能够有勇气走进去看一看。

哲学，从其体系的发展来看，不是通俗易懂的；它在自身内部进行的隐秘活动在普通人看来是一种超出常规的、不切实际的行为。就像一个巫师，煞有介事地念着咒语，谁也不懂得他在念叨什么。

任何真正的哲学都是自己时代的精神上的精华，因此，必然会出现这样的时代，那时哲学不仅在内部通过自己的内容，而且在外部通过自己的表现，同自己时代的现实世界接触并相互作用。那时哲学不再是同其他各特定体系相对的特定体系，而变成面对世界的一般哲学，变成当代世界的哲学。

各种外部表现证明，哲学正获得这样的意义，哲学正变成文化的活的灵魂，哲学正在世界化，而世界正在哲学化。

哲学的实践本身是理论。

哲学把无产阶级当作自己的物质武器，同样，无产阶级也把哲学当作自己的精神武器。

哲学家们只是用不同的方式解释世界，问题在于改变世界。

全部哲学，特别是近代哲学的重大的基本问题，是思维和存在的关系问题。

哲学家在他所规定的世界和思想之间的一般关系中，只是为自己把他的特殊意识同现实世界的关系客观化了。

只要哲学还有一滴血在自己那颗要征服世界的、绝对自由的心脏里跳动着，它就将永远有伊壁鸠鲁[①]的话向它的反对者宣称：

亵神的并不是那抛弃众人所崇拜的众神的人，而是把众人的意见强加于众神的人。

哲学并不隐瞒这一点，普罗米修斯[②]的自白：总而言之，我痛恨所有的神。

这是哲学自己的自白，这是哲学自己的格言，表示它反对不承认人的自我意识是最高神性的一切天上的和地上的神。不应该有任何神同人的自我意识相并列。

对于那些以为哲学在社会中的地位已经恶化因而感到欢欣鼓舞的可怜的懦夫们，哲学又以普罗米修斯对众神的侍者海尔梅斯所说的话来回答他们：

我绝不愿像你那样甘受役使，来改变自己悲惨的命运，

你好好听着，我永不愿意！

是的，宁可被缚岩石上，

也不为父亲宙斯效忠，充当他的信使。

普罗米修斯是哲学历书上最高尚的圣者和殉道者。

当哲学作为意志面向现象世界的时候，体系便被降低为一个

抽象的总体，就是说，它成为世界的一个方面，世界的另一方面与它相对立。体系同世界的关系是一种反思的关系。体系为实现自己的欲望所鼓舞，就同他物发生紧张的关系。它的内在的自我满足和完整性被打破了，本来是内在之光的东西变成转向外部的吞噬一切的火焰。得出这样的结论：世界的哲学化同时也就是哲学的世界化，哲学的实现同时也就是它的丧失，哲学在外部所反对的东西就是它自己内在的缺点，正是在斗争中它本身陷入了它所反对的缺陷之中，而且只有当它陷入这些缺陷之中时，它才能消除这些缺陷。与它对立的东西、它所反对的东西，总是跟它相同的东西，只不过具有相反的因素罢了。

理论的对立本身的解决，只有通过实践方式，只有借助于人的实践力量，才是可能的。因此，这种对立的解决绝对不只是认识的任务，而是现实生活的任务，而哲学未能解决这个任务，正是因为哲学把这仅仅看作理论的任务。

我们关于我们周围世界的思想对这个世界本身的关系是怎样的？我们的思维能不能认识现实世界？我们能不能在我们关于现实世界的表象和概念中正确地反映现实？

唯物主义的自然观不过是对自然界本来面目的朴素了解，不附加任何外来的成分。

唯物主义也经历了一系列的发展阶段。甚至随着自然科学领域中每一个划时代的发现，唯物主义也必然要改变自己的形式。

朴素唯物主义在自己的萌芽时期就十分自然地把自然现象的无限多样性的统一看作是不言而喻的，并且在某种具有固定形体的东西中，在某种特殊的东西中去寻找这个统一。

正像古代各民族是在想象中、在神话中经历了自己的史前时期一样，我们德国人在思想中、在哲学中经历了自己的未来的历史。我们是当代的哲学同时代人，而不是当代的历史同时代人。德国的哲学是德国历史在观念上的延续。因此，当我们不去批判我们现实历史的未完成的著作，而来批判我们观念历史的遗著——哲学的时候，我们的批判恰恰接触到了当代所谓的问题之所在的那些问题的中心。在先进国家，是同现代国家制度实际分裂，在甚至不存在这种制度的德国，却首先是同这种制度的哲学反映批判地分裂。

一个时代的迫切问题，有着和任何在内容上有根据的因而也是合理的问题共同的命运：主要的困难不是答案，而是问题。因此，真正的批判要分析的不是答案，而是问题。

正如一道代数方程题，只要题目出得非常精确周密就能解出来一样，每一个问题只要已成为现实的问题，就能得到答案。

世界史本身，除了用新问题来回答和解决老问题之外，没有别的办法。因此，每个时代的谜语都是容易找到的。这些谜语都是该时代的迫切问题，如果说在答案中个人的意见起着很大作用，那么就需要用老练的眼光才能区别什么属于个人、什么属于时代。相反，问题却是公开的、无所顾忌的支配一切个人的时代之声。

问题是时代的格言，是表现时代自己内心状态的最实际的呼声。因此，任何一个时代的反动分子都是反映时代精神状况的准确晴雨表。

在公众看来，好像是反动分子在制造问题。所以，公众认为，如果某个蒙昧主义者不同某种时代潮流作斗争，如果他不对事情提出问题，那么似乎问题也就不存在了。因此，公众自己把反动分子看作是真正代表进步的人物。

当人们把哲学与幻想混为一谈的时候，哲学必须严肃地提出抗议。

哲学是问：什么是真实的？而不是问：什么是有效的？它所关心的是一切人的真理，而不是个别人的真理；它的形而上学真理不知道政治地理的界限，至于“界限”从哪里开始，哲学的政治真理知道得非常清楚，而不会把特殊的世界观和民族观的虚幻视野和人的精神的真实视野混淆起来。

哲学，尤其是德国哲学，爱好宁静孤寂，追求体系的完满，喜欢冷静的自我审视。所有这些，一开始就使哲学同报纸那种反应敏捷、纵论时事、仅仅热衷于新闻报导的性质形成了鲜明对照。

哲学就其性质来说，从未打算把禁欲主义的教士长袍换成报纸的轻便服装。然而，哲学家并不像蘑菇那样是从土里冒出来的，他们是自己的时代、自己的人民的产物，人民的最美好、最珍贵、最隐藏的精髓都汇集在哲学思想里。

正是那种用工人的双手建筑铁路的那种精神，在哲学家的头脑里建立的哲学体系。哲学不是在世界之外，就如同人脑虽然不在胃里，但也不在人体之外一样。当然，哲学在用双脚立地之前，先是用头脑立于世界的；而人类的其他许多领域在想到究竟是“头脑”也属于这个世界，还是这个世界在头脑的世界以前，早就用双脚扎根大地，并用双手采摘世界的果实了。

人们可以查阅任何一本历史书，他们将会发现，最简单的外部形式都一成不变地重复着，而这些外部形式很清楚地说明，哲学已进入沙龙与教士的书房、报纸的编辑室和朝廷的候见厅，进入同时代人的爱与憎。

哲学是被它的敌人的叫喊声引进世界的，哲学的敌人发出了要求扑灭思想烈火的呼救的狂叫，这就暴露了他们的内心也受到了哲学的感染。对于哲学来说，敌人的这种叫喊声就如同初生婴儿的第一声啼哭，对于一个焦急地谛听孩子哭声的母亲一样，这是哲学思想的第一声喊叫。

哲学思想冲破了令人费解的、正规的体系外壳，以世界公民的姿态出现在世界上。

当代的真正哲学并不因为自己的这种命运而与过去的真正哲

学有所不同。相反，这种命运是历史必然要提出的证明哲学真理性的证据。

哲学受到过这样的讽刺：哲学甚至不值得聪明的女人加以评论，它是青年人的吹牛瞎说，是一些自命不凡的小集团的时髦玩意儿。

哲学谈论宗教问题和哲学问题与你们（修士们）不一样。你们没有经过研究就谈论这些问题，而哲学是在研究之后才谈论的；你们求助于感情，哲学则求助于理智；你们是在咒骂，哲学是在教导；你们向人们许诺天堂和人间，哲学只许诺真理；你们要求人民信仰你们的信仰，哲学并不要求人们信仰它的结论，而只要求检验疑团。

哲学非常精明老练，它知道，自己的结论无论是对天堂的或人间的贪求享受和利己主义，都不会纵容姑息。

为了真理和知识而热爱真理和知识的公众，是善于同那些愚昧无知、卑躬屈节、毫无操守和卖身求荣的文化乞丐来较量判断力和德行的。

一个人会由于自己的才疏学浅而曲解哲学的，难道新教徒不认为天主教徒曲解了基督教吗？新教神学之所以憎恨哲学家，多半是因为哲学宽容了特殊教派本身。

但是，就好像由于蒸汽锅炉爆炸使一些乘客血肉横飞这种个别事例不能成为反对力学的理由一样，个别人不能消化现代哲学，并因哲学性的消化不良而死亡的这种情况，也不能成为反对哲学的理由。

哲学是阐明人权的，哲学要求国家是合乎人性的国家。

哲学在政治方面并没有做物理学、数学、医学和任何其他科学在自己领域内所没有做的事情。

第二节　有关哲学史的箴言

任何哲学家都是站在前人的肩膀上获得自己的哲学思想的。马克思的哲学也是继承、发展和改造了哲学史上众多思想家的思想而得来的。马克思曾承认黑格尔是自己的老师，他通过向黑格尔学习，提出了不同于黑格尔唯心主义辩证法的唯物主义辩证法。马克思还提到了一系列哲学家的名字：笛卡尔、霍布斯、洛克、斯宾诺莎、培根、费尔巴哈等，他们都是哲学史上的重要人物，马克思也对他们的思想一一作出了评论，可见马克思想要超越以往旧哲学理论的雄心。然而对我们来说，回顾这些哲学史上重要的人物依然重要，对于初次接触哲学的人来说尤其重要。如果能激发起读者对哲学更广泛的兴趣，本节抛砖引玉的目的也就达到了。

现代哲学只是继承了赫拉克利特和亚里士多德所开始的　工

作。

如果我们不能认识真实的事物，所以只要不真实的事物存在，我们就合乎逻辑地承认它完全有效。这是一个否认事物必然本质的怀疑主义者的观点。

假如理性是衡量实证的事物的尺度，那么实证的事物就不会是衡量理性尺度。

在一个地方这种事物是实际的，而在另一个地方那种事物是实际的。无论这种事物还是那种事物，都是不合理性的。那就服从那些在你自己的小天地里是实际的事物吧！

一个十足的怀疑主义者否认现存事物的理性，是否认理性存在的怀疑主义。他们不认为实证的事物是合乎理性的事物，但这只是为了不把合乎理性的事物看作实证的事物。他们认为人们消除实证的事物中的理性假象，是为了承认没有理性假象的实证的事物。就等于说，人们摘掉锁链上的虚假花朵，是为了戴上没有花朵的真正锁链。

庸俗的怀疑主义是对思想傲慢无礼，对显而易见的东西却无比谦卑顺从。只有在扼杀实证事物的精神时才开始感觉到自己的智慧，（他们的）目的是为了占有作为残渣的纯粹实证的事物，并在这种动物状态中感到舒适惬意。

对于怀疑主义者的理性来说，只有动物的本性才是无可怀疑的东西。

法国唯物主义有两个派别：一派起源于笛卡尔，一派起源于洛克。后一派主要是法国有教养的分子，它直接导向社会主义。前一派是机械唯物主义，它汇入了真正的法国自然科学。这两个派别在发展过程中是相互交错的。

18世纪的法国启蒙运动，特别是法国唯物主义，不仅是反对现存政治制度的斗争，同时也是反对现存宗教和神学的斗争，而且还是反对17世纪形而上学和反对一切形而上学，特别是反对笛卡尔、马勒伯朗士、斯宾诺莎和莱布尼茨的形而上学的公开的、旗帜鲜明的斗争。

人们用哲学来对抗形而上学，正像费尔巴哈在他第一次坚决地站出来反对黑格尔时，以清醒的哲学来对抗醉醺醺的思辨一样。

被法国启蒙运动特别是18世纪的法国唯物主义所击败的17世纪的形而上学，在德国哲学中，特别是在19世纪的德国思辨哲学中，曾经经历过胜利的和富有内容的复辟。

一般来说，哲学史只能从黑格尔的哲学史开始。

在黑格尔天才的17世纪的形而上学同后来的一切形而上学，以及德国唯心主义结合起来并建立了一个形而上学的包罗万象的王国之后，对思辨的形而上学和一切形而上学的进攻，就像在18世纪那样，又同对神学的进攻再次配合起来。这种形而上学将永远屈服于现在为思辨本身的活动所完善化并和人道主义相吻合的唯物主义。

费尔巴哈在理论领域体现了和人道主义相吻合的唯物主义，而法国和英国的社会主义和共产主义则在实践中体现了这种和人道主义相吻合的唯物主义。

笛卡尔在其物理学中认为物质具有自主创造力量，并把机械运动看作是物质的生命活动。他把他的物理学和他的形而上学完全分开，在他的物理学的范围内，物质是唯一的实体，是存在和认识的唯一根据。

法国的机械唯物主义附和笛卡尔的物理学而同他的形而上学相对。他的学生按职业来说都是反形而上学者，即物理学家。

人们之所以能够用18世纪的唯物主义理论来解释17世纪的形而上学的衰败，仅仅是因为人们对这种理论运动本身是用当时法国生活的实践形态来解释的。这种生活所关注的是直接的现实，是世俗的享乐和世俗的利益，是世俗的世界。同它那反神学的、反形而上学的、唯物主义的实践相适应的，必然是反神学的、反形而上学的、唯物主义的理论。形而上学在实践上已经威信扫地。

实证科学脱离了形而上学，给自己划定了独立的活动范围。全部形而上学的财富只剩下思想之类的东西和天国的事物。而正是在这个时候，实在的东西和尘俗的事物却开始吸引人们的全部注意力。形而上学变得枯燥乏味了。

使17世纪的形而上学和一切形而上学在理论上威信扫地的人是皮埃尔·培尔，他的武器是用形而上学本身的符咒锻造而成的怀疑论。他本人起初是从笛卡尔的形而上学出发的。

正像反对思辨神学的斗争把费尔巴哈推向反对思辨哲学的斗争一样，就是因为他认为思辨是神学的最后支柱，因为他不得不迫使神学家从伪科学逃回到粗野的、可恶的信仰。

同样对宗教的怀疑引起了培尔对作为这种信仰支柱的形而上学的怀疑，因此，他批判了形而上学的整个历史发展过程，为了撰写形而上学的灭亡史而成了形而上学的历史编纂学家。他主要是驳斥了斯宾诺莎和莱布尼茨。

人们除了要对神学和17世纪形而上学进行否定性的批驳之外，还需要有一个肯定性的、反形而上学的体系。人们需要一部把当时的生活实践归纳为一个体系并从理论上加以论证的书。这时，洛克关于人类理智起源的著作适时地在海峡那边出现了，这部著作就像人们翘首以待的客人一样受到了热烈的欢迎。

英国唯物主义和整个现代实验科学的真正始祖是培根，在他看来自然科学是真正的科学，而感性的物理学是自然科学的最重要的部分。

唯物主义在它的第一个创始人培根那里，还以朴素的形式包含着全面发展的萌芽。物质带着诗意的感性光辉对整个人发出微笑。但是，那种格言警句式的学说本身却还充满了神学的不彻底性。

唯物主义在以后的发展中变得片面了。霍布斯把培根的唯物主义系统化了，感性失去了他的鲜明色彩，变成了几何学家的抽象的感性。物理运动成为机械运动或数学运动的牺牲品，几何学被宣布为主要的科学。

唯物主义变得漠视人了。为了能够在漠视人的、毫无血肉的精神的领域制服这种精神，唯物主义本身就不得不扼杀自己的肉欲，成为禁欲主义者。它以理智之物的面目出现，同时又发展了理智的无所顾忌的彻底性。

霍布斯根据培根的观点声称，既然感性给人提供一切知识，那么观点、思想、观念等，就无非是多少摆脱了感性形式的物体世界的幻影。科学只能为这些幻影命名。

一个名称可以用于若干个幻影，甚至还可以有名称的名称。但是，一方面认为一切观念都起源于感性世界，另一方面又硬说一个词的意义不只是一个词，除了我们想象的永远是个别的存在物之外，还有一般存在物，这就是一个矛盾。

实际上，无形体的实体和无形体的形体，是一个同样的矛盾。形体、存在、实体是同一种实在的观念，不能把思想同思维着的物质分开。物质是一切变化的主体。如果“无限的”这个词不表示我们的精神具有无限增添补充的能力，这个词就毫无意义。

因为只有物质的东西才是可以被感知、被认识的，所以人们对神的存在就一无所知了。

只有我们自己的存在才是确实可信的。人的一切激情都是有始有终的机械运动，欲求的对象是善，人和自然都服从于同样的规律，强力和自由是统一的。

霍布斯把培根的学说系统化了，但他没有更详尽地论证培根关于知识和观念起源于感性世界的基本原理。

洛克在他试论人类理智的起源的著作中论证了培根和霍布斯的原理。

法国唯物主义和英国唯物主义的区别就是这两个民族的区别。法国人赋予英国唯物主义以机智，使它有血有肉，能言善辩。他们使英国唯物主义具有从未有过的气质和优雅风度。他们使它文明化了。

爱尔维修同样也是以洛克的学说为出发点的，在他那里唯物主义获得了真正法国的性质。他把唯物主义运用到社会生活方面。感性的特性和自尊、享乐和正确理解的个人利益，是全部道德的基础。人的智力和天然平等、理性的进步和工业的进步一致，人的天然的善良和教育的万能，这就是他的体系中的几个主要因素。

笛卡尔唯物主义汇入了真正的自然科学，而法国唯物主义的另一派则直接汇入社会主义和共产主义。

并不需要多么敏锐的洞察力就可以看出，唯物主义关于人性本善和人们天资平等，关于经验、习惯、教育的万能，关于外部环境对人的影响，关于工业的重大意义，关于享乐的合理性等学说，同共产主义和社会主义有着必然的联系。

既然人是从感性世界和感性世界中的经验中获得一切知识、感觉等，那就必须这样安排经验的世界，使人在其中能体验到真正合乎人性的东西，使他常常体验到自己是人。

既然正确理解的利益是全部道德的原则，那就必须使人们的私人利益符合人类的利益。

既然从唯物主义意义上来说人是不自由的，就是说，人不是由于具有避免某种事物发生的消极力量，而是由于具有表现本身的真实个性的积极力量才是自由的，那就不应当惩罚个别人的犯罪行为，而应当消灭产生犯罪行为的反社会的温床，使每个人都有社会空间来展示他的重要的生命表现。

既然是环境造就的人，那就必须以合乎人性的方式去造就环境。

既然人天生就是社会的，那他就只能在社会中发展自己真正的天性，不应当根据单个个人的力量，而应当根据社会的力量来衡量人的天性的力量。

傅立叶是直接从法国唯物主义者的学说出发的。巴贝夫主义者是粗陋的、不文明的唯物主义者，但是成熟的共产主义也是直接起源于法国唯物主义的。这种唯物主义正是以爱尔维修所赋予的形式回到了它的祖国英国。

边沁根据爱尔维修的道德论构建了他那正确理解的利益的体系，而欧文则从边沁的体系出发论证了英国的共产主义。

亡命英国的法国人卡贝受到当地共产主义思想的鼓舞，回到法国成为一个最受欢迎然而也是最肤浅的共产主义的代表 人物。

比较有科学根据的法国共产主义者德萨米、盖伊等人，像欧文一样，也把唯物主义学说当作现实的人道主义学说和共产主义的逻辑基础加以发展。

在黑格尔的体系中有三个要素：斯宾诺莎的实体、费希特的自我意识以及前两个要素在黑格尔那里的必然充满矛盾的统一，即绝对精神。第一个要素是形而上学地改了装的、同人分离的自然。第二个要素是形而上学地改了装的、同自然分离的精神。第三个要素是形而上学地改了装的以上两样要素的统一，即现实的人和现实的人类。

在黑格尔的《现象学》中，人的自我意识的各种异化形式所具有的物质的、感性的、对象的基础被置之不理，而全部破坏性工作的结果就是最保守的哲学，因为这种破坏性工作一旦把对象世界、感性现实的世界变成“思想的东西”，变成自我意识的单纯规定性，一旦有可能把那变成了以太[①]般的东西的敌人消融于

①以太：是古希腊哲学家认为构成万物本原的一种物质名称。

“纯粹思维的以太”之中，它就自以为征服了这个世界了。

黑格尔《现象学》最后完全合乎逻辑地用“绝对知识”来代替全部人的现实，它之所以用知识来代替，是因为知识是自我意识的唯一存在方式，因为自我意识被看作人的唯一存在方式；它之所以用绝对知识来代替，是因为自我意识只知道它自己，并且不再受任何对象世界的约束。

黑格尔把人变成自我意识的人，而不是把自我意识变成人的自我意识，变成现实的、因而是生活在现实的对象世界中并受这一世界制约的人的自我意识。

黑格尔把世界头足倒置，因此，他也就能够在头脑中消灭一切界限。可是即便如此，对坏的感性来说，对现实的人来说，这些界限当然还是继续存在。此外，一切显示普遍自我意识的有限性的东西，人及人类世界的一切感性、现实性、个性，在黑格尔看来都必然是界限。整部《现象学》就是要证明自我意识是唯一的、无所不包的实在。

如果说黑格尔的《现象学》尽管有其思辨的原罪，但还是在许多方面提供了真实地评述人的关系的要素，那么鲍威尔先生及其伙伴却相反，他们只是提供了一幅毫无内容的漫画，这幅漫画只是满足于从某种精神产物中或从现实的关系和运动中撷取一种规定性，把这种规定性变为思想规定性，变为范畴，并用这个范畴充当产物、关系或运动的观点，以便能够以老成练达的姿态、扬扬得意的神气从抽象概念、普遍范畴、普遍自我意识的观点，傲然睨视这种规定性。

费尔巴哈消解了形而上学的绝对精神，使之变为“以自然为基础的现实的人”。费尔巴哈完成了对宗教的批判，因为他同时也为批判黑格尔的思辨以及全部形而上学拟定了博大恢宏、堪称典范的纲要。

“自我意识”即“精神”是世界、天空和大地的万能创造者。自我意识必定要使自己外化并采取奴隶形象，而世界就是自我意识的生命表现，但是世界和自我意识之间的差别只是虚假的差别。自我意识不把任何现实事物同自身区别开来。

世界实际上只是形而上学的区分，是自我意识的超凡入圣的头脑的幻想和想象物。因此，自我意识又重新扬弃了它一度特许的仿佛在它之外有某种事物存在的假象，并且不承认它本身的创造物是实在的物体即同它有实际差别的物体。但是，自我意识也通过这种运动首次把自己作为绝对的东西制造出来。

绝对的唯心主义者要想成为绝对的唯心主义者，就必须经常地经历一种诡辩的过程，就是说，他必须先把他身外的世界变成虚假之物，变成自己头脑的单纯的突发之念，然后宣布这种幻象是真正的幻象，是纯粹的幻想，以便最终可以宣告他自己的唯一的、独一无二的、甚至不再为外部世界的假象所限制的存在。

法国唯物主义者的确曾把物质的运动看作富有精神的运动，

但是他们还未能看出，这不是物质运动，而是观念运动，自我意识的运动，即纯粹思想的运动。他们还未能看出，现实的宇宙运动只有作为独立于物质和摆脱了物质即独立于现实和摆脱了现实的、自我意识的观念运动，才是真正的和现实的。换句话说，与观念的头脑运动不同的物质运动，只是作为假象而存在。

鲍威尔先生在一切领域中都贯彻自己同实体的对立，贯彻他的自我意识的哲学或精神的哲学，因此，他在一切领域就不得不只同他自己头脑中的幻想打交道。

批判是他手中的工具，他用这个工具把在无限的自我意识之外还维持着有限的物质存在的一切，都归入单纯的假象和纯粹的思想。他所反对的实体不是形而上学的幻觉，而是世俗的内核——自然，他既反对存在于人之外的自然，也反对人本身这个自然。

他在阐述中还使用了这样的语言：在任何领域都不能假定有实体。他这样说的意思就是，不承认任何有别于思维的存在、任何有别于精神自发性的自然力、任何有别于理智的人的本质力量、任何有别于能动的受动、任何有别于自身作用的别人的影响、任何有别于知识的感觉和愿望、任何有别于头脑的心灵、任何有别于主体的客体、任何有别于理论的实践、任何有别于批判家的人、任何有别于抽象的普遍性的现实的共同性、任何有别于我的你。

因此，鲍威尔先生进而把自己同无限的自我意识、同精神等同起来，即用这些创造物的创造者来代替这些创造物，这是合乎逻辑的。

同样，由于整个其余世界固执地坚持认为自己和鲍威尔先生的创造物有所不同，因此，鲍威尔先生把整个其余世界都当作的顽固不化的群众和物质加以摒弃，这也是合乎逻辑的。

同样合乎逻辑的是，他把自己由于迄今未能遏制“这个愚蠢的世界的作用”而产生的怨艾情绪凭空说成是这个世界的自怨自艾，并把他的批判对人类发展的恼怒凭空说成是人类对他的批判、对精神、对布鲁诺·鲍威尔先生及其伙伴的群众性的恼怒。

鲍威尔先生最初是一个神学家，但不是一个普普通通的神学家，而是一个批判的神学家或神学的批判家。早在他还是一个老黑格尔正统派的最极端的代表、一个一切宗教胡说和神学胡说的思辨炮制者的时候，他就不断地宣称批判是他的私有财产。那时，他就已经把施特劳斯的批判看作是人的批判，而同这种批判相反，他十分明确地要求享有神的的批判的权利。

神的批判在返回自身时，以合理的、自在的、批判的方式复活了，自在存在变成了自在自为的存在，并且只有在最后才会变成完成了的、实现了的、显现出来的开端。和人的批判不同，神的批判是作为批判、作为纯粹的批判、作为批判的批判显现出来的。

对鲍威尔先生的新旧著作的辩护代替了对新旧约全书的辩护。神与人、精神与肉体、无限性与有限性之间的神学的对立，变成了精神、批判或鲍威尔先生与物质、群众或世俗世界之间的批判的神学的对立。

信仰与理性之间的神学的对立变成了健全的理智与纯粹批判的思维之间的、批判的神学的对立。最后，宗教的救世主终于显化为批判的救世主鲍威尔先生了。

鲍威尔先生的最后阶段并不是他发展中的反常现象，这个阶段是他的发展从外化向自身的返回。不言而喻，神的批判使自己外化并超出自己范围的那一瞬间，是与它部分地背弃自己而创造某种人的东西的那一瞬间相吻合的。

绝对的批判返回到自身的出发点以后，就结束了思辨的循环，也结束了自身的生涯。它往后的运动是纯粹的——超越一切群众利益的自己体内的循环，因此，群众对它已丝毫不感兴趣了。

批判的批判把思维和感觉、灵魂和肉体、自身和世界分开，它也把历史同自然科学和工业分开，认为历史的诞生不是地上的粗糙的物质生产，而是天上的迷蒙的云兴雾聚。

批判的批判感到自己被击中了要害，加上它在一切有关信仰的事情上都像一个老处女那样神经过敏，所以它不会被这种赞许之词和言不由衷的恭维迷住眼睛。

难道批判的批判认为，只要它把人对自然界的理论关系和实践关系，把自然科学和工业排除在历史运动之外，它就能达到，哪怕只是初步达到对历史现实的认识吗？

难道批判的批判认为，它不把比如说某一历史时期的工业，即生活本身的直接的生产方式认识清楚，它就能真正的认识清这个历史时期吗？

批判一面以残酷无情的态度对待具有“顽固不化的心”和“普通人的理智”的群众，一面以屈尊俯就的宽容态度对待那些苦苦哀求从对立中获得解救的群众。那些群众带着破碎的心，以忏悔的心情和谦恭的态度去接近批判，批判将对他们说出一些深思熟虑的、预言式的、有分量的话语，作为对他们诚实表现的褒奖。

批判凭借无限的自我意识，使自己凌驾于各民族之上，期待着各民族跪在自己脚下乞求指点迷津，它正是通过这种漫画化的、基督教日尔曼的唯心主义，证明它依然深深地陷在德国民族性的泥坑里。

法国人和英国人的批判并不是什么在人类之外的、抽象的、彼岸的人格化的东西，这种批判是那些作为社会积极成员的个人所进行的现实的人的活动，这些个人作为人也有痛苦、有感情、有思想、有行动。因此，他们的批判同时也是实践的，他们的共产主义是这样一种社会主义，在这里面他们提出了实践的、明确的实际措施，在这里面他们不仅思考，而且更多的是行动。因此，他们的批判是对现存社会的生动的现实的批判，是对衰败原因的认识。

这里不提供任何独立的东西，这里提供的只是那种不提供任何东西的批判，即一种最终成为极端的非批判的批判，除此之外根本不提供任何东西。批判把加了着重号的词句排印出来，并且在自己的摘录中达到了其辉煌灿烂的顶点。

批判的批判的主要秘密之一，就是观点和用观点来评判观点。在它眼中，每一个人跟每一种精神产品一样，都变成了观点。

存在和思维的思辨的神秘的同一，在批判那里作为实践和理论的同样神秘地同一重复着。因此，批判怒气冲冲地反对那种还想同理论有所区别的实践，同时也反对那种还想同把某一特定范畴变成“自我意识的无限普遍性”的做法有所区别的理论。

批判本身的理论仅限于把一切确定的东西宣布为自我意识的无限普遍性的对立物，因而也就把它们宣布成微不足道的东西。其实恰好相反，必须加以说明的是，国家、私有财产等怎样把人变为抽象概念，或者它们怎样成为抽象的人的产物，而不是成为单个的、具体的人的现实。

第三节　有关思想意识的箴言

我们的思想是从何而来的，我们的精神世界是怎么产生的，这是哲学一直以来研究的问题。马克思认为我们的思想意识是从现实的物质世界中产生的，物质世界是我们精神世界的来源。我们是怎样生活的，我们就有怎样的思想，是我们的生活决定了我们想什么和怎么想，是生活的需要产生了我们意识的需要。

不是意识决定生活，而是生活决定意识。

纯思想是辩证法的结果。

不真实的思想必然地、不由自主地要捏造不真实的事实，即歪曲真相，制造谎言。

意识的对象无非是自我意识，对象不过是对象化的自我意识、作为对象的自我意识。

自我意识通过自己的外化所能设定的只是物性，即只是抽象物，而不是现实的物。

自然界对抽象思维来说是外在的，是抽象思维的自我丧失；而抽象思维也是外在地把自然界作为抽象的思想来理解，然而是作为外化的抽象思维来理解。

意识的存在方式，以及对意识来说某个东西的存在方式，就是知识。知识是意识唯一的行动。

只要人对自然界的感觉，自然界的人的感觉，因而也是人的自然感觉还没有被人本身的劳动创造出来，那么感觉和精神之间的抽象的敌对就是必然的。

批判的武器当然不能代替武器的批判，物质力量只能用物质力量来摧毁，但是理论一经掌握群众，也会变成物质力量。

世界是否可知，人们思维是否具有“客观的真理性”，只能由实践来证明。

一步实际运动比一打纲领更重要。

批判不是头脑的激情，它是激情的头脑。它不是解剖刀，它是武器。它的对象是自己的敌人，它不是要驳倒这个敌人，而是要消灭这个敌人。

在自身中变得自由的理论精神变成实践力量，作为意志走出阿门塞斯冥国，面向那存在于理论精神之外的尘世的现实，这是一条心理学规律。

精神的谦逊总的说来就是理性，就是按照事物的本质特征去对待各种事物的那种普遍的思想自由。

用沉着的语调发表伟大的言论，绝不是一件有利可图的 事情。

用想象的神秘宗教理论来反对实践要求，等于说是用那种从肤浅的实践中得来的小聪明和庸俗圆滑的处世经验来反对真理的理论，用超人的神圣来反对人能理解的东西，用卑鄙观点的任性和不信任来反对思想的真正的圣洁。

世界和人类关系也不能只从最表面的假象的角度去看。必须认识到，这种观点是不适于用来判断事物的价值的。

在衡量事物的存在时，我们应当用内在观念的本质的尺度，而不能让片面和庸俗的经验使我们陷入迷误之中，否则任何经验、任何判断都没有意义。

如果对精神事物的理解是个人的，那么一种思想观点又有什么权利高于另一种思想观点呢？

难道各个行业就只是用手脚工作，而不是同时也用头脑工作吗？难道只有作为言语的语言是唯一的思想语言吗？

理智不但本身是片面的，而且它的重要的职能就是使世界成为片面的，这是一件伟大而惊人的工作，因为只有片面性才会从不定形的整体中抽出特殊的东西，并使它具有一定的形式。

事物的性质是理智的产物。每一事物要成为某种事物就应当把自己孤立起来，成为孤立的东西。理智把世界的每项内容都纳入固定的规定之中，并把流动的东西固定化，从而产生了世界的多样性。因为没有许多的片面性，世界就不会是多面的。

当意志像被锁在大船上划桨的奴隶那样，被锁在极其渺小而狭隘的利益上时，这种精神还能做什么呢？

没有什么东西比荒唐的逻辑更可怕，也就是说没有什么东西比自私的逻辑更可怕的了！

如果形式不是内容的形式，那么它就没有任何价值。

当我们说谎言的时候，我们指的不是有关思想的谎言，不是精神意义上的谎言，而是有关事实的谎言，即物质意义的谎言。

有的人觉得，只要把自己的怯懦而又荒唐的幻想出来的无耻谎言硬加在别人头上，似乎就可以弥补自身勇气的不足。

打算在那种阻碍自己的行为实现，使行为不能变为行动，而只能变成行动的意图的偶然性中为自己的行为寻求辩护的理由，这无论如何是一种非常独特的美德。

空话家面对行动者进行自我辩解时，只能以他的罪过在于没有行动这种不光彩的长处自夸，也就是说他只能用自己由于没有行动而犯下的罪过来同采取行动而犯下的罪过相对抗。

思想永远不能超出旧世界秩序的范围，在任何情况下， 思想所能超出的只是旧世界秩序的思想范围。思想本身根本不能实现什么东西。思想要得到实现，就要有使用实践力量的人。

你们赞美大自然令人赏心悦目的千姿百态和无穷无尽的丰富宝藏，你们不要求玫瑰花散发出和紫罗兰一样的芳香，但你们为什么却要求世界上最丰富的东西——精神只能有一种存在形式呢？我是一个幽默的人，可是法律却命令我用严肃的笔调。我是一个豪放不羁的人，可是法律却指定我用谦逊的风格。一片灰色就是这种自由所许可的唯一色彩。

每一滴露水在太阳的照耀下都闪现着无穷无尽的色彩。但是精神的太阳，无论它照耀着多少个体，无论它照耀什么事物，却只准产生一种色彩，就是官方的色彩！精神的主要形式是欢乐光明，但你们却要使阴暗成为精神的唯一合适的表现；精神只准穿着黑色的衣服，可是花丛中却没有一枝黑色的花朵。

精神的实质始终就是真理本身，而你们要把什么东西变成精神的实质呢？谦逊。歌德说过只有怯弱者才是谦逊的，你们想把精神变成这样的怯懦者吗？也许这种谦逊应该是席勒所说的那种天才的谦逊？如果是这样的话，那你们就先要把自己的全体公民、特别是你们所有的书报检察官都变成天才。况且天才的谦逊当然不像文雅的语言那样避免使用乡音和土语，相反，天才的谦逊恰恰在事物本身的乡音和表达事物本质的土语来说话。天才的谦逊是要忘掉谦逊和不谦逊，使事物本身凸显出来。

知识链接

辩证法

辩证法是关于对立统一、斗争和运动、普遍联系和变化发展的哲学学说，源出希腊语“dialego”，意为谈话、论战的技艺，指一种逻辑论证的形式。现在用于包括思维、自然和历史三个领域中的一种哲学进化的概念，也用来指和形而上学相对立的一种世界观和方法论。

辩证唯物主义

辩证唯物主义，是马克思、恩格斯批判地吸取德国古典哲学——黑格尔的辩证法的“合理内核”和费尔巴哈唯物论的“基本内核”，在总结自然科学、社会科学和思维科学的基础上创立的系统科学的逻辑理论思维形式，是一种以马克思和恩格斯学说来研究现实的哲学方法，是用“辩证的观点”和“唯物论的观点”解释和认识世界的理论。一般认为“辩证唯物主义”和“唯物辩证法”在本质上是一致的。

辩证唯物主义的基本观点有：1.唯物主义认为，物质是第一性的，意识是第二性的。世界的本原是物质，世界的万事万物都是物质派生出来的。2.物质世界是按照它本身所固有的规律运动、变化和发展的。规律是客观的，是不以人的主观意志为转移的。3.辩证的唯物主义观点是相对于机械唯物主义而言的，即将辩证法与唯物主义相结合。

不可知论

不可知论是一种唯心主义的认识论，认为除了感觉或现象之外，世界本身是无法认识的。它否认社会发展的客观规律，否认社会实践的作用。不可知论最初是由英国生物学家T.H.赫胥黎于1869年提出的。不可知论断言人的认识能力不能超出感觉、经验和现象的范围，不能认识事物的本质及发展规律。在现代西方哲学中，许多流派从不可知论出发来否定科学真理的客观性，否认认识世界的可能性或者否认彻底认识世界的可能性。

德国古典哲学

德国古典哲学一般是指康德、费希特、谢林、黑格尔和费尔巴哈的哲学，是代表西方近代哲学的最高阶段。它继承了由德国哲学家莱布尼茨代表的唯理主义倾向，同时又受到了苏格兰启蒙运动中著名哲学家休谟的经验主义和怀疑论的影响，此外，以莱辛、歌德为代表的启蒙运动文学也对德国古典哲学起到了相当程度的影响。（斯宾诺莎的宿命论思想有时也被认为是德国古典哲学的重要思想来源之一。）在这些思想的共同影响下，德国古典哲学家总结并探讨了一系列哲学上的重大问题，尽管他们中的多数经常被泛泛地认为是唯心主义者，但他们的主张却不是统一的。

康德是一个二元论者和不可知论者，他为了调和唯理主义和经验主义，提出了自己的批判哲学。费希特则持有一种主观唯心主义（后期也被认为倾向于客观唯心主义），谢林和黑格尔有时候被认为是客观唯心主义者，但事实上他们的意见是非常不同的。直到费尔巴哈以一种唯物主义的观点对黑格尔宏大的形而上学体系提出抨击，从而终结了德国古典哲学。

德国古典哲学具有抽象性和思辨性的特点，同时它也是马克思主义的三个理论来源之一。此外，它提出了包括认识论、本体论、伦理学、美学、法哲学、历史哲学以及政治哲学等领域的各种重大问题和范畴，标志着近代西方哲学向现代西方哲学的过渡。

第二次工业革命

第二次工业革命，也称第二次科技革命，是指1870年至1914年的工业革命。其中西欧和美国以及1870年后的日本，工业得到飞速发展。第二次工业革命紧跟着18世纪末的第一次工业革命，并且从英国向西欧和北美蔓延。第二次工业革命以电力的大规模应用为代表，以电灯的发明为标志。

第二国际

第二国际，即“社会主义国际”，是一个工人运动的世界组织。1889年7月14日在巴黎召开了第一次大会，通过《劳工法案》及《五一节案》，决定以同盟罢工作为工人斗争的武器。组织后因第一次世界大战爆发而解散，其后伯尔尼国际成立并作为实体运作。第二国际所做出影响最大的动作包括宣布每年的5月1日为国际劳动节，宣布每年的3月8日为国际妇女节，并创始了八小时工作制运动。当今世界最大的政党组织“社会党国际”实际上为其延续，在二战后的1951年成立，成员均为原第二国际成员。

第一国际

第一国际，即国际工人联合会，1864年由英、法、德、意四国工人代表在伦敦开会成立，马克思代表德国工人参加该组织的工作，并逐渐用“科学社会主义”理论作为组织指导思想。由于会名太长，有时人们取它的第一个单词“International”代指，简称为“国际”，历史上即称为“第一国际”。1871年，第一国际法国支部参加并领导了巴黎公社运动。但是随着巴黎公社的失败，第一国际也日渐衰弱，1876年正式宣布解散。

法国1789年的资产阶级大革命

法国大革命，又称法国1789年的资产阶级大革命，是1789年在法国爆发的资产阶级革命，法国的政治体制在大革命期间发生了史诗性的转变：统治法国多个世纪的绝对君主制与封建制度在三年内土崩瓦解，过去的封建贵族和宗教特权不断受到自由主义政治组织和平民的冲击，传统观念逐渐被全新的天赋人权、三权分立等民主思想代替。

法国大革命始于1789年5月的三级会议。革命的头一年，第三等级的革命民众在6月发表了《网球场宣言》，7月攻占了巴士底狱，8月凡尔赛妇女运动迫使法国王室在10月返回巴黎。之后几年不断出现自由集会和保守的君主制度改革。1792年9月22日，法兰西第一共和国成立，路易十六在次年被推上了断头台。不断出现的外部压力实际上在法国革命中起到了主导作用，法国革命战争从1792年开始，取得了一个世纪以来法国未曾取得的胜利，并使法国间接控制了意大利半岛和莱茵河以西的领土。在国内，派系斗争及民众情绪的日益高涨导致了1793年至1794年恐怖统治的产生。罗伯斯庇尔和雅各宾派倒台以后，督政府于1795年掌权，直到1799年拿破仑上台后结束。

关于法国大革命的结束时间尚存争议，正统观点认为1799年的雾月政变为革命终结的标志；另有观点认为1794年7月雅各宾派统治的结束为革命的终结；还有观点认为1830年七月王朝建立是革命终结的标志。

现代社会在法国革命中拉开帷幕，共和国的成长、自由民主思想的传播、现代思想的发展以及国家之间大规模战争的出现都是此次革命的标志性产物。在作为近代一场伟大的民主革命而受到赞扬的同时，法国大革命也因其间所出现的一些暴力专政行为而为人诟病。革命随后导致了拿破仑战争、两次君主制复辟以及两次法国革命。接下来直至1870年，法国在两次共和国政府、君主立宪制政府及帝国政府下交替管治。

历史学家、《旧制度与大革命》的作者托克维尔则认为，1789年法国革命是迄今为止最伟大、最激烈的革命，代表法国的“青春、热情、自豪、慷慨、真诚的年代”。

封建主义

封建主义包括三个方面：一是指封建专制制度，包括政治、经济制度在内的整个社会制度；二是指意识形态；三是指以封建主义思想为指导，为建立或复辟封建专制制度而进行的活动。三者之间相互联系又相互区别，不能等同和混淆。也可以说，封建主义在经济上代表的是地方保护主义和部门主义；在政治上代表的是专制主义和宗法制度；在思想上代表的是纲常伦理、宗法意识和社会生活中的各种落后、愚昧现象、迷信思想和活动。包括制度、活动、思想三方面含义的封建主义，才能称之为完整意义上的封建主义。

工业革命

工业革命，又称产业革命，是指资本主义工业化的早期历程，即资本主义生产完成了从工场手工业向机器大工业过渡的阶段。工业革命是以机器取代人力，以大规模工厂化生产取代个体工场手工生产的一场生产与科技革命。由于机器的发明及运用成为了这个时代的标志，因此，历史学家称这个时代为“机器时代”。

有人认为工业革命在1759年左右已经开始，但直到1830年，它还没有真正蓬勃地展开。大多数观点认为，工业革命发源于英格兰中部地区。1769年，英国人瓦特改良蒸汽机之后，由一系列技术革命引起了从手工劳动向动力机器生产转变的重大飞跃。随后自英格兰扩散到整个欧洲大陆，19世纪传播到北美地区。一般认为，蒸汽机、煤、铁和钢是促成工业革命技术加速发展的四项主要因素。在瓦特改良蒸汽机之前，整个生产所需动力依靠人力和畜力。伴随蒸汽机的发明和改进，工厂不再依河或溪流而建，很多以前依赖人力与手工完成的工作自蒸汽机发明后被机械化生产取代。

工业革命是一般的政治革命不可比拟的巨大变革，其影响涉及人类社会生活的各个方面，使人类社会发生了巨大的变革，对人类的现代化进程的推动起到了不可替代的作用，把人类推向了崭新的蒸汽时代。

共产国际

共产国际，亦称“第三国际”，1919年3月2日至6日在列宁的领导下，在莫斯科召开了共产国际第一次代表大会。参加大会的有来自欧、亚、美洲21个国家的35个政党和团体的代表52人，通过了列宁起草的《共产国际宣言》、《共产国际行动纲领》等文件，宣告了共产国际的成立。共产国际在其存在的24年中，共召开过7次代表大会和13次执行委员会全会。共产国际在列宁领导期间，成绩比较显著。1924年1月，列宁去世后，共产国际出现了一些错误。总的来说，共产国际在宣传马克思列宁主义，团结各国无产阶级和被压迫民族，领导和推动无产阶级革命运动，促进亚非拉民族解放运动，反对帝国主义和法西斯主义，促进各国共产党的成长等方面起了重大的作用。

共产主义

共产主义是一种政治思想，主张消灭私有产权，并建立一个各尽所能、按需分配的生产资料公有制（进行集体生产）社会，而且是一个没有阶级制度、国家和政府的社会。在这一体系下，土地和资本财产为公共所有。其主张劳动的差别并不会导致占有和消费的任何不平等，并反对任何特权。在科学共产主义（马克思主义及其各流派）的理论中，它在发展上分两个阶段，初级阶段是社会主义，高级阶段是共产主义。通常所说的共产主义，指共产主义的高级阶段。

按照马克思主义理论（历史唯物主义），资本主义必将为共产主义所取代，这是不以人们的意志为转移的社会发展的历史规律。因随着工业革命后各种机械自动化生产所带来的高生产力，长期而言经济生产所需的人力将愈来愈少，在私有财产制度下绝大多数人将会失业，因此，社会若想继续和平发展就必须进入共产主义，将愈来愈少的工作量分配给各个工作的人，除了为兴趣而自愿长期工作的人之外，基本上多数人可减少许多工作时间就能维持日常生活。共产主义思想在实行上，需要人人有高度发达的集体主义精神，而这就要求社会生产力达到充分的发展和极度的发达。

共产主义社会

共产主义社会是一种社会形态，它是在生产资料公有制的条件下，在高度发达的社会生产力的基础上所实行的一种各尽其职、按需分配的劳动者自由联合的社会经济形态。

后马克思主义

后马克思主义的概念自20世纪80年代以来就以一种不太准确和规范的方式被使用着，它并非描述一个学派，而是描述一个趋向。后马克思主义倡导一种偶然的话语逻辑，它主张把意识形态和经济及阶级要素完全剥离开来，然而，对于后马克思主义自身的“发生学”分析，后马克思主义的话语理论却无能为力。后马克思主义不论作为一种思想倾向，还是作为一种确定的理论立场，它的生成、确立和盛行都不是脱离社会文化环境的纯粹话语运作的结果，就像后马克思主义本身不能够完全拒斥马克思主义一样，对后马克思主义社会和思想根源的理论透视也离不开马克思主义的分析方式。后马克思主义之所以在20世纪70年代末至80年代中期孕育成形，有着它特定的社会的、政治的、阶级的、思想的以及学理上的源流。

货币

货币是用作交易媒介、储藏价值和记账单位的一种工具，是专门在物资与服务交换中充当等价物的特殊商品。既包括流通货币，尤其是合法的通货，也包括各种储蓄存款。在现代经济领域，货币的领域只有很小的部分以实体通货方式显示，即实际应用的纸币或硬币，大部分交易都使用支票或电子货币。货币区是指流通并使用某一种单一的货币的国家或地区。不同的货币区之间在互相兑换货币时，需要引入汇率的概念。

基督

基督，基利斯督之简称，来自于希腊语，是亚伯拉罕诸教中的术语，原意是“受膏者”（中东地区肤发易干裂，古代的以色列王即位时必须将油倒在国王的头上，滋润肤发，象征这是神用来拯救以色列人的王，后来转变成救世主的意思），也等同于希伯来语中的名词弥赛亚，意思为“被涂了油的”。在基督教、圣经当中基督是“拿撒勒”主耶稣的专有名字，即“主耶稣基督”。

基督教

基督教是一种以新旧约全书为圣经，信仰神和天国的宗教，发源于中东地区。在人类发展史中，基督教扮演着非常重要的角色，中世纪到文艺复兴尤甚。基督徒是相信耶稣为神（天主或称上帝）的圣子、人类的救主（弥赛亚，即基督）的一神论宗教。基督教与伊斯兰教、佛教并列为当今三大世界性宗教。基督教主要有天主教（又称公教会）、希腊正教（又称正教会、东正教）、基督新教（华人俗称基督教）三大派别，以及其他许多规模较小的派别。基督教虽然发源于中东地区，但后来由于阿拉伯帝国和奥斯曼土耳其帝国的兴起、扩张和持续打压，基督教的传播中心逐渐转移至欧洲，并在欧洲发扬光大，并由此传播至远东、美洲、非洲、大洋洲等地。中文语汇的“基督教”一词时常是专指基督新教，这是中文目前的特有现象。基督教徒约有17亿7千万人。天主教徒占其中的52.89%（约10亿人），基督新教占其中的17.63%（约3亿人），而东正教则占其中的10.64%（约2亿人）。

级差地租

级差地租是一个相对于绝对地租的概念，它是指租佃较好土地的农业资本家向大土地所有者缴纳的超额利润。这个超额利润是由优等地和中等地农产品的个别生产价格低于按劣等地个别生产价格决定的社会生产价格的差额决定的。

价值

价值，泛指客体对于主体表现出来的积极意义和有用性。可视为是能够公正且适当反映商品、服务或金钱等值的总额。在经济学中，价值是商品的一个重要性质，它代表该商品在交换中能够交换得到其他商品的多少，价值通常通过货币来衡量，称为价格。这种观点中的价值，其实是交换价值的表现。

根据新古典主义经济学（目前比较流行的一种经济学理论），物体的价值就是该物体在一个开放和竞争的交易市场中的价格，因此，价值主要取决于对于该物体的需求，而不是供给。

有些经济学者经常把价值等同于价格，不论该交易市场竞争与否。而古典经济学则认为价值和价格并不等同。按照马克思主义政治经济学的观点，价值就是凝结在商品中无差别的人类劳动，即商品价值。马克思还将价值分为使用价值（给予商品购买者的价值）和交换价值（使用价值交换的量）。

价值规律

价值规律，亦称“价值法则”，是商品生产和商品交换的基本规律。其主要内容和客观要求是商品的价值量由生产商品的社会必要劳动时间决定，商品按照价值量相等的原则进行交换。在以货币为媒介的商品交换中，要求价格符合于价值。

价值量

商品的价值量是商品价值的大小，通常是单位价值量。商品的价值量不是由各个商品生产者所耗费的个别劳动时间决定的，而是由社会必要劳动时间决定的。商品是劳动产品，商品的价值是由劳动形成的，因而它的价值量要由生产商品所耗费的劳动时间来衡量。在其他条件不变的情况下，商品的价值量越大，价格越高；商品的价值量越小，价格越低。若其他因素不变，单位商品的价值量与生产该商品的社会劳动生产率成反比。价值决定价格，价格是价值的货币表现，价值是价格的基础。

交换价值

交换价值指的是当一种产品在进行交换时，能换取到其他产品的价值。交换价值在马克思的学说中，是物品借着一种明确的经济关系才能够产生出的价值，也就是说，经济关系乃是交换价值的背景。交换价值只有在一个产品进行交换时，特别是产品作为商品在经济关系中出售及购买时，才具有意义。交换价值的根本属性是产品的使用价值，但是交换价值在商品交易中根据双方需求会发生较大的波动。例如，1升水在平时和旱季，其使用价值是一样的，但是交换价值的变化却很大。

绝对地租

绝对地租是资本主义地租的一种形式。在资本主义制度下，由于土地为地主所私有，因此不论租种上等地或者租种土质最坏的地，地主都要收取地租。这种由于土地私有制的存在，不论租种好地坏地都绝对必须交纳的地租，马克思把它叫作绝对地租。

绝对剩余价值

绝对剩余价值指在必要劳动时间不变的条件下，通过绝对延长工作日，从而绝对延长剩余劳动时间生产出来的剩余价值。

科学社会主义

科学社会主义是与空想社会主义相对而言的、关于社会主义的科学的理论体系、理论模型与实践模式。科学社会主义是人类一切文明成果的结晶。马克思、恩格斯运用辩证唯物主义的逻辑思维形式，在批判历代空想社会主义的基础上，以历史唯物主义的观点揭示和发现了人类社会发展的规律及当代资本主义经济运动的规律——剩余价值规律。马克思的这两个规律的发现使社会主义从空想变成了科学。科学社会主义是关于无产阶级解放斗争发展规律的科学，是一门政治科学，或者说是一门政治学。

空想社会主义

空想社会主义又称乌托邦社会主义，是产生于资本主义生产状况和阶级状况尚未成熟时期的一种社会主义学说，是现代社会主义思想来源之一。空想社会主义者相信在不久的将来可以建立理想的意识形态社会，并为之不懈努力奋斗。这种学说最早见于16世纪托马斯·莫尔的《乌托邦》一书，盛行于19世纪初期的西欧。空想社会主义者认为社会主义的理想社会应该建筑在人类的理性和正义的基础上，而这种社会至今还未出现，是由于人们不认识和不承认的缘故。他们觉得只要有天才掌握了这种思想，并推广开去，就能实现他们心中的理想社会。空想社会主义者反对资本主义，并认为资本主义的剥削制度是由于人类在道德和法律上犯了错误，背弃了人类的本性而产生的。

劳动对象

劳动对象指劳动本身所对应的客体，比如耕作的土地、纺织的棉花等。包括两大类：一是自然界的物质，即未经人类加工过的自然物，如矿藏；一是人类劳动加工过的，用作原材料的产品，如棉花、钢铁等。

劳动力

劳动力，即人的劳动能力，指蕴藏在人体中的脑力和体力的总和。物质资料生产过程是劳动力作用于生产资料的过程。离开劳动力，生产资料本身是不可能创造任何东西的。但是，在物质资料生产过程中，劳动力发挥作用，除了必须具备一定的生产经验和劳动技能或科学文化知识外，还必须具备一定量的生产资料，否则，物质资料生产过程也是不能进行的。劳动者在生产过程中运用自己的劳动力和生产工具，作用于劳动对象，既可以创造出物质财富，也可以不断提高自己的劳动技能。

里昂工人起义

里昂工人起义是指1831年和1834年法国里昂工人反对资本主义剥削压迫的两次武装起义，里昂工人起义推动了法国工人运动的发展，是法国无产阶级作为独立的政治力量登上历史舞台的重要标志之一。与“巴黎公社”、“英国宪章运动”并称“三大工人运动”。

历史唯物主义

历史唯物主义是马克思主义哲学的重要组成部分，也被称为“唯物主义历史理论”或“唯物史观”。历史唯物主义为马克思和恩格斯所创立，以黑格尔的辩证法，结合费尔巴哈的唯物论，去解释人类历史演变的过程，并被列宁、毛泽东等人所发展，被认为是马克思主义的社会历史观和认识、改造社会的一般方法论。因其主要关注的是对历史规律的阐明，因而历史唯物主义可以归入历史哲学，具体地说是一种思辨的历史哲学。

历史唯物主义认为历史发展是客观的和有其特定规律的，其最基本的规律就是生产力决定生产关系，生产关系对生产力有反作用（可能促进或阻碍）。伴随着生产力的发展，人类社会会历经原始社会、奴隶社会、封建社会、资本主义社会、社会主义社会，最终走向共产主义社会。

马克思主义

马克思主义是马克思、恩格斯在19世纪工人运动实践基础上创立的理论体系。马克思主义主要以唯物主义角度编写而成。马克思主义理论体系包括三部分，即马克思主义哲学、马克思主义政治经济学、科学社会主义，分别是马克思、恩格斯受德国古典哲学、英国古典政治经济学、法国空想社会主义影响，并在此基础上创立的。马克思主义作为内涵丰富、外延无限的一整套严密的思想体系，我们可以从不同方面对其进行不同的定义。马克思主义从它的创造者、继承人的认识成果上讲，可以定义为：马克思主义是马克思、恩格斯创建的马克思主义者不断加以丰富发展的观点和学说的体系；从它的阶级属性讲，可以定义为：马克思主义是关于无产阶级和人类解放的科学，尤其是关于无产阶级斗争的性质、目的和条件的学说；从它的研究对象讲，可以定义为：马克思主义是一个内容极其丰富的、宏伟的、科学的理论体系，是关于自然、社会和思维发展普遍规律的学说，特别是关于资本主义发展和转变为社会主义，以及社会主义和共产主义发展普遍规律的学说。

马克思主义哲学

马克思主义哲学是关于自然、社会和思维发展的一般规律的科学，是唯物论和辩证法的统一，是唯物论自然观和历史观的统一。它是在继承和发展了德国的古典哲学，英国的古典政治经济学，英国、法国的空想社会主义下形成的马克思主义的三个组成部分之一。马克思主义哲学的主要理论来源是辩证法和唯物论，辩证唯物主义和历史唯物主义是马克思主义哲学的两大组成部分，实践概念是它的基础。

马克思主义政治经济学

马克思主义政治经济学，是马克思主义的重要组成部分。它既是我们从理论高度认识和研究资本主义的经济科学，也是我们进行社会主义经济建设和改革开放的理论指导。马克思主义政治经济学，首先包括马克思创建的政治经济学的基本原理和方法，也包括后来由列宁、毛泽东、邓小平和党中央发展了的经济思想与理论，还包括经济学界以马克思主义为指导研究当代资本主义和社会主义所取得的有关成果。马克思主义政治经济学的基本观点主要包括在马克思的重要著作《资本论》中，在《资本论》中，马克思研究了资本主义经济学的理论和英国历年的经济统计资料，对资本主义经济学理论进行了分析和批判。

矛盾

矛盾出自《韩非子》中《难一》所述故事，一般指在两个或更多陈述、想法和行动之间的不一致。在马克思主义哲学概念中，事物自身包含的既对立又统一的关系叫作矛盾。简言之，矛盾就是对立统一。所谓对立，是指矛盾双方相互排斥、互相斗争。所谓统一是指如下两种情形：第一，矛盾双方在一定条件下相互依存，一方的存在以另一方的存在为前提，双方共处于一个统一体中。第二，矛盾着的双方，依据一定的条件，各向自己相反的方向转化。它们中的一方对另一方的否定，以及在旧矛盾向新矛盾的转化中对旧矛盾的否定，都不是单纯的否定，而是辩证的否定，即否定之中有肯定，肯定之中有否定。

判断

判断是肯定或否定某种事物的存在，或指明某一对象是否具有某种属性，和事物情况之间的关系的思维过程。在形式逻辑上，判断常用一个命题表达出来。

七月革命

七月革命，即法国七月革命，是1830年欧洲的革命浪潮的序曲，因为波旁王室的专制统治令经历过法国大革命的法国人民难以忍受，以致法国人群起反抗当时法国国王查理十世的统治。此次革命的成功是维也纳会议后首次在欧洲成功的革命运动，革命鼓励了1830年及1831年欧洲各地的革命运动，表明维也纳会议后，由奥地利帝国首相梅特涅组织的保守力量未能抑制法国大革命后日益上扬的民族主义及自由主义浪潮。

青年黑格尔派

青年黑格尔派，又称黑格尔左派，是在19世纪30年代黑格尔哲学解体过程中产生的激进派，知名成员有布鲁诺·鲍威尔、大卫·施特劳斯、麦克斯·施蒂纳、费尔巴哈等。活动中心在柏林，马克思和恩格斯也曾参加过青年黑格尔派的活动。

让渡

让渡，就是权利人将自己有形物、无形的权利，或者是有价证券的收益权等通过一定的方式，全部或部分地以有偿或者无偿的方式转让给他人所有或者占有，或让他人行使相应权利。在商品经济中，买进卖出就是一种非常普遍的有偿让渡形式；而对别人或相关地区的捐赠，就是一种无偿的让渡。

商品

商品是一种用于满足购买者欲望和需求的产品。狭义概念中的商品是一种有形的物质产品，区别于无形的服务。就其本身而论，商品能以有形的方式交付给购买者，并且它的所有权也一并由销售者转移给了顾客。例如，苹果是有形的商品，相对而言，理发则是一种无形的服务。

商品拜物教

在马克思主义理论中，商品拜物教是资本主义市场社会中的社会关系的一种形态，其中社会关系体现为一种基于商品或货币的客体关系，主要表现为劳动商品化和异化。“商品拜物教”一词由马克思在《资本论》第一卷（1867年）中首创。马克思之所以用拜物教一词，可以解释为对工业社会“理性”、“科学”心态的嘲讽。在马克思的时代，这个词主要是用来形容原始宗教。商品拜物教意味着如此的原始信仰体系其实还留在现代社会的核心。依他的见解，商品拜物教是私有制在资本主义的社会关系中造成的幻影，它在资本主义社会的主流意识形态中占据中心地位。

社会必要劳动时间

社会必要劳动时间是与“个别劳动时间”相对而言的，指在现有的社会正常的生产条件下，在社会平均的劳动熟练程度和劳动强度下制造某种使用价值所需要的劳动时间。这里的“现有的社会正常的生产条件”是指现时某生产部门的平均生产条件，或大多数商品生产者所具有的生产条件，其中最主要是劳动工具的状况；这里的“平均的劳动熟练程度和劳动强度”是指中等水平或部门的平均劳动熟练程度和劳动强度。如生产一件上衣，各个商品生产者由于设备、技术熟练程度等差别，个别劳动时间从2小时到4小时不等，但一般用3小时的劳动就能生产出来，这3小时就是生产上衣的社会必要劳动时间，它随社会劳动生产率的提高而减少。另外，马克思在分析社会生产各部门之间按比例分配社会总劳动的必要性时，提出另一个意义上的社会必要劳动时间，是指满足社会对某种产品的需要而必须分配到某一部门去的那部分社会劳动时间，如社会需要10万双鞋，每双鞋需平均耗费社会劳动时间1小时，则生产鞋所需的社会必要劳动时间为10万小时。

社会主义

社会主义是一套经济体系和政治理论，主张或提倡公共或以整个社会作为整体，来拥有和控制生产资料（产品、资本、土地、资产等），其管理和分配基于公众利益。其提倡由集体或政府拥有与管理生产工具，分配物资。社会主义分为了诸多流派，从建立合作经济管理结构到废除等级制度以至于自由联合。作为一项政治运动，社会主义的政治哲学主张从改良主义到革命社会主义均有分布。如国家社会主义主张通过推动生产、分配和交换全方位的国有化来实现社会主义；自由社会主义倡导工人传统地控制生产方式，反对国家权力来进行管理；民主社会主义则通过民主化进程来寻求建立社会主义。

现代社会主义理论始于18世纪知识分子与工人阶级发起的批评工业化与私有财产对社会影响的政治运动。早期的空想社会主义者，诸如罗伯特·欧文曾试图建立一个自给自足并脱离资本主义社会的公社；而圣西门则创造了名词socialisme，提倡技术官僚与计划工业的应用。马克思和恩格斯共同设计创造了一个理想的社会制度，通过除去导致不合格与周期性生产过剩的无政府主义和资本主义生产，来允许广泛应用现代科技，从而将经济活动合理化。在19世纪初期，社会主义还只是表明关注社会问题；到了19世纪末期，社会主义已经成为了建立基于社会共有的新体制的推动力，并站到了资本主义的对立面。

社会主义社会

社会主义社会，是一种社会形态，指用马克思主义理论指导，重视社会福利，采用财产公有制的，通常是共产主义政党专政、工人阶级领导的社会。按照马克思主义理论，社会主义社会是资本主义社会向共产主义社会的过渡性社会形态。

生产关系

生产关系是指在物质生产过程中形成的人们之间的社会关系，它集中体现了人们之间的物质利益关系。生产关系的内容包括人们在一定的生产资料所有制基础上形成的、在社会生产总过程中发生的生产、分配、交换和消费的关系。

生产力

生产力，又称“社会生产力”，是人们征服自然、改造自然、获得物质资料的能力。生产力和生产关系是社会生产不可分割的两个方面。生产力包括劳动者、劳动资料和劳动对象三大要素。

生产资料

生产资料，也称作生产手段，是马克思主义理论家认定的生产力三要素之一。生产资料主要指劳动者进行生产时所需要使用的资源和工具。一般包括土地、厂房、机器设备、工具、原料，等等。生产资料是生产过程中的劳动资料和劳动对象的总和，它是任何社会进行物质生产所必备的物质条件。

生息资本

生息资本，是为了获取利息而暂时贷放给他人使用的货币资本。

剩余价值

根据马克思主义理论，剩余价值是指从劳动者的劳动价值中剥削出来的利润（劳动价值和工资之间的差异），即“劳动者创造的被资产阶级无偿占有的劳动”。剩余价值概念是马克思主义政治经济学的核心概念，马克思主义政治经济学认为资本主义生产的实质就是剩余价值的生产，剩余价值规律是资本主义的基本经济规律，它决定着资本主义的一切主要方面和矛盾发展的全部过程，决定着资本主义生产的高涨和危机，决定着资本主义的发展和灭亡。

使用价值

使用价值，是一切商品都具有的共同属性之一。任何物品要想成为商品都必须具有可供人类使用的价值；反之，毫无使用价值的物品是不会成为商品的，使用价值是物品的自然属性。马克思主义政治经济学认为，使用价值是由具体劳动创造的，并且具有质的不可比较性。比如，人们不能说橡胶和香蕉哪一个使用价值更高。使用价值是价值的物质基础，和价值一起，构成了商品二重性。

世界观

世界观，也叫宇宙观，是哲学的朴素形态。世界观是人们对整个世界的总的看法和根本观点。由于人们的社会地位不同，观察问题的角度也不同，就形成了不同的世界观。哲学是其理论表现形式。世界观的基本问题是精神和物质、思维和存在的关系问题，根据对这两者关系的不同回答，划分为两种根本对立的世界观基本类型，即唯心主义世界观和唯物主义世界观。

私有制

私有制，也叫所有制，是相对于公有制的经济制度，是在这种制度下进行的生产资料个人或集体的排他性占有。私有制是剥削社会（以奴隶社会、封建社会、资本主义、特权主义和专制社会为代表）的基本标志之一。

推理

推理是根据事物之间的联系，由已有判断推出新判断的一种思维形式。判断组成推理，已有判断叫前提，推出的新判断叫结论，推理就是由前提推出结论的思维过程，是人类思维创造性的体现。

托拉斯

托拉斯，是较高级的垄断组织形式。指由许多生产同类商品或在生产上有密切关系的企业为了垄断某些商品的产销，从而获得高额利润而组成的大型垄断企业。可分为以金融控制为基础的托拉斯和以企业合并为基础的托拉斯。托拉斯在美国最为普遍，其作用覆盖整个采购、生产、销售过程。

唯物主义

唯物主义即唯物论，是一种哲学理论，肯定世界的基本组成为物质，物质形式与过程是我们认识世界的主要途径，持着“只有事实上的物质才是真实存在的实体”这一种观点，并且被认为是物理主义的一种形式。该理论的基础是，所有的实体（和概念）都是物质的一种构成或者表达，并且，所有的现象（包括意识）都是物质相互作用的结果，在意识与物质之间，物质决定了意识，而意识则是客观世界在人脑中的生理反应，也就是有机物出于对物质的反应。因此，物质是唯一事实上存在的实体。作为对现实世界的一种解释，唯物主义是唯心主义和心灵主义的一个对立面。

唯物主义有机械唯物主义和辩证唯物主义的区别，机械唯物主义认为物质世界是由各个个体组成的，如同各种机械零件组成一个大机器，不会变化；辩证唯物主义认为物质世界永远处于运动与变化之中，是互相影响、互相关联的。机械唯物论的代表人物是费尔巴哈，辩证唯物论的代表人物是马克思、恩格斯和列宁。

唯心主义

唯心主义即唯心论，又译作理念论、观念论，是哲学中对思想、心灵、语言及事物等彼此之间关系的讨论及看法。唯心论秉持世界或现实如同精神或意识，都是根本的存在。唯心论直接相对于唯物论，后者认为世界的基本成分为物质，我们对世界的认识主要是通过物质，并将其视为一种物质形式与过程。唯心论同时也反对现实主义的哲学观，后者认为在人类的认知中，我们对物体的理解与感知，与物体独立于我们心灵之外的实际存在是一致的。

马克思主义哲学则认为唯心论是哲学上的两大基本派别之一，是与唯物论对立的理论体系。唯心论在哲学基本问题上主张精神、意识的第一性，物质的第二性，也就是说，唯心论主张物质依赖意识而存在，物质是意识的产物的哲学派别，并认为可以区分为主观唯心论和客观唯心论两种基本类型。

乌托邦

乌托邦，也称理想乡，无何有之乡（源于《庄子》），是一个理想的群体对社会的构想，名字由托马斯·摩尔的《乌托邦》一书中所写的完全理想的共和国“乌托邦”而来。意指理想完美的境界，特别是用于表示法律、政府及社会情况。托马斯·摩尔在书中虚构了一个大西洋上的小岛，小岛上的国家拥有完美的社会、政治和法制体系。这个词用来被描述成一种被称为“意向社群”的理想社会和文学虚构的社会。

无产阶级

根据马克思主义理论，无产阶级一词指不拥有生产资本，单纯靠出卖劳动力获取收入的劳动者。马克思主义理论把无产阶级划分为普通无产阶级和下层无产阶级。在实际使用的含义中，近似地等同于近代以来出现的，主要受雇于资本家，依靠雇佣工资生活的工人群体。在马克思的理论中，无产阶级是被资产阶级通过剥削其生产价值和工资之间的差异（剩余价值）以获得利润的对象，因此，其大多在生存水平线上挣扎，教育相对落后（除非有极佳的社会福利），直到难以生存时，便容易铤而走险，当人数够多时，便会起身革命，尝试推翻现有政府及资本家。在社会主义社会，工人阶级已摆脱了被剥削、被压迫的地位，成为掌握国家政权的领导阶级。

相对价值形式

商品交换的价值关系中同等价形式相对立的一极。处于相对价值形式上的商品，在价值关系中起着主动的作用，是主动地要表现自己价值的商品。

相对剩余价值

把通过缩短必要劳动时间、相应地改变工作日的两个组成部分的量的比例而生产的剩余价值，叫做相对剩余价值。

小资产阶级

小资产阶级，指占有一定的生产资料或有少量财产的私有者，一般指不受他人剥削，也不剥削别人（或仅有轻微剥削），主要靠自己劳动为生的个体劳动者阶级。它在资本主义社会里是非基本的阶级，亦称为中间等级，主要包括农民、小手工业者、小商人、小业主等。作为劳动者，在思想上倾向于无产阶级；作为私有者，又倾向于资产阶级，极易受资产阶级思想的影响。因此，在反对封建主义的斗争中既具有革命性，同时也存在政治上的动摇性、斗争中的软弱性和革命的不彻底性。随着资本主义的发展，他们不断地向两极分化，大部分破产沦落为无产阶级或半无产阶级，小部分发财上升为资产阶级。

辛迪加

辛迪加，原意是“组合”、“联合”，是垄断组织的一种重要形式，属于低级垄断形式。辛迪加指同一生产部门的少数大企业为了获取高额利润，通过签订共同销售产品和采购原料的协定而建立的垄断组织。

形而上（学）

形而上出自《易经・系辞》，原文为“形而上者谓之道，形而下者谓之器”。用现代的思维讲，形而下就是指具体的器物（可以拓展到感性的事物），形而上就是指比较抽象的规律（包含做人做事的原则）。形而上是精神方面的宏观范畴，用抽象（理性）思维，形而上者道理，起于学，行于理，止于道，故有形而上者谓之道；形而下是物质方面的微观范畴，用具体（感性）思维，形而下者器物，起于教，行于法，止于术，故有形而下者谓之器。

形而上学（metaphysics，意为“物理学之后”）是哲学术语，哲学史上指哲学中探究宇宙根本原理的部分。马克思认为形而上学是指与辩证法对立的，用孤立、静止、片面的观点观察世界的思维方式。黑格尔把形而上学作为与辩证法相对立的一种机械教条的研究方法来批判，因此，形而上学也可以被表述成为教条主义。

修正主义

“修正”一词的含义，来源于拉丁文，有“修改、重新审查”的意思。“修正主义”一词，是在共产主义运动中对马克思主义进行歪曲、篡改、否定的一类资产阶级思潮和政治势力，是国际工人运动中打着马克思主义旗号反对马克思主义的机会主义思潮。

虚拟资本

虚拟资本是独立于现实的资本运动之外、以有价证券的形式存在、能给持有者按期带来一定收入的资本，如股票、公债券、不动产抵押单等。虚拟资本是随着借贷资本的出现而产生的，它在借贷资本的基础上成长，并成为借贷资本的一个特殊的投资领域。

一般等价物

一般等价物是从商品中分离出来的，充当其他一切商品的统一价值表现材料的商品。一般等价物的出现，是商品生产和交换发展的必然结果。历史上，一般等价物曾由一些特殊的商品承担，随着社会的进步，黄金和白银成了最适合执行一般等价物职能的货币。货币是从商品中分离出来固定充当一般等价物的特殊商品。

英国工人宪章运动

宪章运动是1838年到1848年发生在英国的一场普通劳动者要求社会政治改革的群众运动，是世界三大工人运动之一。列宁称之为“世界上第一场大规模的劳动阶级运动”。宪章运动的目的是，工人们要求取得普选权，以便有机会参与国家的管理。“普选权问题是饭碗问题”，工人阶级希望通过政治变革来提高自己的经济地位。

庸俗经济学

庸俗经济学是资产阶级政治经济学的一个发展阶段，产生于18世纪末，大致结束于19世纪70年代。当时，法国出现一种自由主义思潮，以巴师夏、凯里为首的经济学家认为，世界是让每个自然人独立施展才能的大舞台，而资本主义是最符合人性的舞台设计，因此，它能以最快的速度去积聚财富，马克思称之为庸俗经济学。这种学说不愿意从历史的发展过程中考察资本形成的原因，更不愿意看到资本主义是建筑在绝大多数人陷入相对贫困的基础上的事实。庸俗经济学的主要代表人物有：西尼尔、穆勒、萨伊马尔萨斯等。

哲学

哲学是研究范畴及其相互关系的一门学问。范畴涉及到一门学科的最基本研究对象、概念和内容，哲学具有一般方法论的功能。

资本

资本，在经济学意义上，指的是用于生产的基本生产要素，即资金、厂房、设备、材料等物质资源。在金融学和会计领域，资本通常用来代表金融财富，特别是用于经商、兴办企业的金融资产。广义上，资本也可作为人类创造物质和精神财富的各种社会经济资源的总称。

资本主义

资本主义，也被称为自由市场经济或自由企业经济，其特色是个人或是企业拥有资本财产，且投资活动是由个人决策左右，而非由国家所控制，一般并没有准确之定义，不同的经济学家也对资本主义有不同的定义。一般而言，资本主义指的是一种经济学或经济社会学的制度，在这样的制度下绝大部分的生产资料都归私人所有，并借着雇佣或劳动的手段以生产资料创造利润。在这种制度里，商品和服务借由货币在自由市场里流通。投资的决定由私人进行，生产和销售主要由公司和工商业控制并互相竞争，依照各自的利益采取行动。

资产阶级

资产阶级是指占有社会生产资料并使用雇佣劳动的现代资本家阶级，其本质是以生产资料为手段无偿占有雇佣工人的劳动，是现代社会中的主要剥削阶级。

海格特公墓

英国伦敦的公墓，位于英国伦敦北郊的海格特地区，分东西两个部分。西海格特公墓于1839年成立，包括两个都铎风格的教堂，一个古埃及风格的大道和大门（仿造古埃及著名的国王谷建筑），还有哥特风格的墓穴；东海格特公墓于1854年成立，两年后东部也投入运营。马克思及其家人的墓就在于此，公墓还埋葬着英国物理学家和化学家法拉第、小说家乔治·艾略特。

爱德华·伯恩施坦

爱德华·伯恩施坦（1850—1932），是德国社会民主党的著名活动家，他一生的理论和政治活动经历了不同阶段：小资产阶级激进民主主义者，马克思主义者，修正主义者。从1881年初担任党机关报《社会民主党人报》编辑到1895年恩格斯逝世，这15年是伯恩施坦的黄金时代。他是作为一位杜林主义者加入德国社会民主党的，以拉萨尔主义和杜林主义的眼光来看待马克思和马克思主义。在此期间，他在恩格斯的直接关怀和指导下，对于传播马克思主义、反对党内机会主义、揭露和批判统治阶级的反动政策等方面，对党内的建设做出了重大贡献，因此，他在党内和国际工人运动中赢得了很高的声誉。列宁也曾说，伯恩施坦当时是一个“革命的社会民主党人”。1895年8月恩格斯逝世后，伯恩施坦“修正”马克思主义基本原理的倾向开始公开显露出来。1896年至1898年，他在《新时代》上以《社会主义问题》为总题目发表的一组文章，成为他对马克思主义“传统解释”的最初“批判”，成为这一时期对马克思主义公开责难的代表，开启了德国社会民主党内关于什么是马克思主义、如何发展马克思主义的大争论。

爱尔维修

克洛德·阿德里安·爱尔维修（1715—1771），是18世纪法国唯物主义哲学家，法国启蒙思想家。他出生在巴黎一个宫廷医生的家庭，毕业于耶稣会办的专科学校，曾任总报税官。他考察了第三等级的贫困生活和封建贵族的糜烂生活，因而痛恨封建制度。后来，他辞去官职，专心著述，并和思想家狄德罗、霍尔巴赫等人参加了《百科全书》的编辑工作，对封建制度及教会进行了无情的揭露和批判。他的主要著作包括《论精神》和《论人的理智能力和教育》。

奥格斯特·倍倍尔

奥格斯特·倍倍尔（1840—1913），德国社会民主党的主要领导人之一，德国和国际工人运动活动家。1840年2月22日生于普鲁士，1913年8月13日卒于瑞士格尔桑斯。1865年8月结识李卜克内西，在其帮助下成长为社会主义者。1866年同李卜克内西创建萨克森人民党，加入第一国际。次年当选为德国工人协会联合会主席，并促使该会于1868年参加第一国际。1867年当选北德意志联邦议会议员，成为议会中第一个工人代表，坚决反对俾斯麦的“铁血政策”，主张通过自下而上的革命统一德意志。他和李卜克内西于1869年8月共同创建德国社会民主工党（爱森纳赫派），并制定了党纲。

柏拉图

柏拉图（约前427—前347），古希腊伟大的哲学家，也是全部西方哲学乃至整个西方文化最伟大的哲学家和思想家之一。他和老师苏格拉底、学生亚里士多德并称为古希腊三大哲学家。柏拉图出身于雅典贵族家庭，青年时师从苏格拉底。苏格拉底死后，他游历四方，曾到埃及、北非、小亚细亚沿岸和意大利南部从事政治活动，企图实现他的贵族政治理想。公元前387年活动失败后，游历12年的柏拉图逃回雅典，在一所称为阿卡德米的体育馆附近建立了一所学园，此后执教40年，直至逝世。他一生著述颇丰，其教学思想主要集中在《理想国》和《法律篇》中。柏拉图是西方客观唯心主义的创始人，其哲学体系博大精深，对其教学思想影响尤甚。柏拉图认为世界由“理念世界”和“现象世界”所组成。理念的世界是真实的存在，永恒不变，而人类感官所接触到的这个现实的世界，只不过是理念世界的微弱的影子，它由现象所组成，而每种现象是因时空等因素而表现出暂时变动等特征。由此出发，柏拉图提出了一种理念论和回忆说的认识论，并将它作为其教学理论的哲学基础。

保尔·拉法格

保尔·拉法格（1842—1911），法国杰出的马克思主义理论家，法国工人党和第二国际创建人之一。拉法格反对新康德主义和哲学上的修正主义，捍卫和宣传辩证唯物主义和历史唯物主义，拉法格还批判了饶勒斯的修正主义哲学观点。

布鲁诺·鲍威尔

布鲁诺·鲍威尔（1809—1882），德国哲学家，青年黑格尔派代表之一。柏林大学毕业，曾在柏林大学、波恩大学任教，因发表《同观福音作者的福音史批判》而遭解聘，从此退隐。否认福音故事的可靠性以及耶稣其人的存在。将黑格尔的自我意识解释为同自然相脱离的绝对实在，并用它来代替黑格尔的“绝对观念”，宣称“自我意识”是最强大的历史创造力，马克思和恩格斯在《神圣家族》一书中对此予以严厉批判。主要著作还有《福音的批判及福音起源史》、《斐洛、施特劳斯、勒男与原始基督教》等。

但丁

但丁·阿利吉耶里（1265—1321），意大利中世纪诗人，现代意大利语的奠基者，欧洲文艺复兴时代的开拓人物，以史诗《神曲》留名后世。但丁被认为是意大利最伟大的诗人，也是西方最杰出的诗人之一，全世界最伟大的作家之一。恩格斯评价说：“封建的中世纪的终结和现代资本主义纪元的开端，是以一位大人物为标志的，这位人物就是意大利人但丁，他是中世纪的最后一位诗人，同时又是新时代的最初一位诗人。”

德谟克利特

德谟克利特（约公元前460—公元前370或公元前356），来自古希腊爱琴海北部海岸的自然派哲学家。德谟克利特是经验的自然科学家和第一个百科全书式的学者，古代唯物思想的重要代表。他是“原子论”的创始者，由原子论入手，他建立了认识论，并在哲学、逻辑学、物理、数学、天文、动植物、医学、心理学、伦理学、教育学、修辞学、军事、艺术等方面，都有所建树。可惜他的大多数著作都散失了，至今只能看到若干残篇断简，这对理解他的思想造成了一定的困难。

德谟克利特的自然科学虽然也有类似实验解剖这样的科学结论，但是他在哲学上的大部分见解都与经验直接相关。他的原子论是受着水汽蒸发以及香味传递等感性直观，依赖哲学思维推测出来的，通过感官的参与，即经验，直接推测了原子论的可能，并由原子论进一步影响认识论等。说他是自然科学家，主要是缘于他对于自然科学起到的奠基作用，但是在哲学领域，他是个彻头彻尾的经验论者，在他那个年代的哲学家鲜有严谨依赖科学思维得出哲学结论的人，这是可想而知的。

笛卡尔

勒内·笛卡尔（1596—1650），生于法国，逝世于瑞典斯德哥尔摩，是法国著名的哲学家、数学家、物理学家。他对现代数学的发展作出了重要的贡献，因将几何坐标体系公式化而被认为是解析几何之父。他还是西方现代哲学思想的奠基人，是近代唯物论的开拓者，并且提出了“普遍怀疑”的主张。他的哲学思想深深影响了之后的几代欧洲人，开拓了所谓的“欧陆理性主义”哲学。黑格尔称他为“现代哲学之父”。笛卡尔堪称17世纪欧洲哲学界和科学界最有影响的巨匠之一，被誉为“近代科学的始祖”。

恩格斯

弗里德里希·冯·恩格斯（1820—1895），德国思想家、哲学家、革命家，全世界无产阶级和劳动人民的伟大导师，马克思主义的创始人之一。恩格斯是卡尔·马克思的挚友，被誉为“第二提琴手”，他为马克思从事学术研究提供了大量经济上的支持。在马克思逝世后，将马克思的大量手稿、遗著整理出版，并且成为国际工人运动众望所归的领袖。

费尔巴哈

路德维希·安德列斯·费尔巴哈（1804—1872），德国哲学家。出生于拜恩州（巴伐利亚）下拜恩区的首府兰茨胡特，死于同一州的纽伦堡，他是德国法学家保罗·约翰·安塞姆里特·冯·费尔巴哈的第四个儿子。费尔巴哈对基督教的批判在社会上产生了很大影响，他的某些观点在德国教会和政府的斗争中被一些极端主义者接受。他对卡尔·马克思的影响也很大，虽然马克思并不赞同他观点中的机械论，马克思曾写过《费尔巴哈提纲》，批判他形而上学的唯物主义观点。费尔巴哈的主要著作有《黑格尔哲学批判》和《基督教的本质》等。

费希特

约翰·戈特利布·费希特（1762—1814），德国哲学家。尽管他是自康德的著作发展开来的德国唯心主义哲学的主要奠基人之一，但他在西方哲学史上的重要性往往被轻视了。费希特往往被认为是连接康德和黑格尔两人哲学间的过渡人物。近些年来，由于学者们注意到他对自我意识的深刻理解而重新认识到他的地位。和在他之前的笛卡尔和康德一样，对于主观性和意识的问题激发了他的许多哲学思考。费希特的一些观点也涉及了政治哲学，因此，他被一些人认为是德国国家主义之父。

弗洛伊德

西格蒙德·弗洛伊德（1856—1939），犹太人，奥地利精神病医生及精神分析学家，精神分析学派的创始人，此学派被称为“维也纳第一精神分析学派”，以区别于后来由此演变出的第二及第三学派。著有《性学三论》、《梦的解析》、《图腾与禁忌》、《日常生活的心理病理学》、《精神分析引论》、《精神分析引论新编》等。提出“潜意识”、“自我”、“本我”、“超我”、“俄狄浦斯情结”、“性冲动”、“心理防卫机制”等概念。其成就对哲学、心理学、美学，甚至社会学、文学等都有深刻的影响，被世人誉为“精神分析之父”。但他的理论诞生至今，却一直饱受争议。

伏尔泰

伏尔泰（1694—1778），原名弗朗索瓦·马利·阿鲁埃，伏尔泰是他的笔名。法国启蒙时代思想家、哲学家、文学家，启蒙运动公认的领袖和导师。伏尔泰是18世纪法国资产阶级启蒙运动的旗手，被誉为“法兰西思想之王”、“法兰西最优秀的诗人”、“欧洲的良心”。他不仅在哲学上有卓越成就，也以捍卫公民自由，特别是信仰自由和司法公正而闻名。尽管在他所处的时代，审查制度十分严厉，伏尔泰仍然公开支持社会改革。他的论说以讽刺见长，常常抨击天主教教会的教条和当时的法国教育制度。伏尔泰的著作和思想与托马斯·霍布斯及约翰·洛克一道，对美国革命和法国大革命的主要思想家都有影响。

葛兰西

安东尼奥·葛兰西（1891—1937）是意大利共产主义思想家、意大利共产党创始者和领导人之一。他的文艺理论著作大多写于狱中，战后才得到广泛的传播和研究。他批判资产阶级唯心主义文艺观和克罗齐的“艺术即直觉”的观点，坚持历史唯物主义和无产阶级党性原则，提出创立“民族-人民的文学”的口号，对文学与社会生活，作家与时代、人民，作品的内容与形式的关系，文艺批评的任务，作了精辟的论述；同时对许多古典作家和20世纪重要的文学现象作了分析和论述。葛兰西奠定了意大利马克思主义文艺理论的基础。

哈贝马斯

尤尔根·哈贝马斯，是德国当代最重要的哲学家、社会理论家之一，是批判学派中的法兰克福学派的第二代旗手。他1929年生于杜塞多夫，历任海德堡大学教授、法兰克福大学教授、法兰克福大学社会研究所所长以及德国马普协会生活世界研究所所长。1994年荣休，被公认是“当代最有影响力的思想家”，他同时也是西方马克思主义法兰克福学派第二代的中坚人物。他继承和发展了康德哲学，致力于重建“启蒙”传统，视现代性为“尚未完成之工程”，提出了著名的沟通理性的理论，对后现代主义思潮进行了深刻的对话及有力的批判。他著有《历史唯物主义的重建》、《交往行为理论》等著作。

海德格尔

马丁·海德格尔（1889—1976），德国哲学家，20世纪存在主义哲学的创始人和主要代表之一。出生于德国西南巴登邦弗赖堡附近的梅斯基尔希的天主教家庭，逝于德国梅斯基尔希。他在现象学、存在主义、解构主义、诠释学、后现代主义、政治理论、心理学及神学领域都有举足轻重的影响。此外，他还著有《存在与时间》一书，本书深深影响了20世纪哲学，尤其是存在主义、解释学和解构主义。

黑格尔

格奥尔格·威廉·弗里德里希·黑格尔（1770—1831），德国哲学家，出生于德国西南部巴登-符腾堡州首府斯图加特。18岁时，他进入蒂宾根大学学习，在那里，他与荷尔德林、谢林成为朋友，同时，为斯宾诺莎、康德、卢梭等人的著作和法国大革命深深吸引。许多人认为，黑格尔的思想，象征着19世纪德国唯心主义哲学运动的顶峰，对后世哲学流派，如存在主义和马克思的历史唯物主义都产生了深远的影响。更有甚者，由于黑格尔的政治思想兼具自由主义与保守主义两者之要义，因此，对于那些因看到自由主义在承认个人需求、体现人的基本价值方面的无能为力，而觉得自由主义正面临挑战的人来说，他的哲学无疑是为自由主义提供了一条新的出路。1807年，黑格尔出版了第一部作品《精神现象学》。《精神现象学》是一段伟大的概念旅程，带领我们从最基本的人类意识概念，走向最包罗万象而复杂的人类意识概念。

霍布斯

托马斯·霍布斯（1588—1679），英国的政治哲学家，创立了机械唯物主义的完整体系，认为宇宙是所有机械地运动着的广延物体的总和。他提出“自然状态”和国家起源说，认为国家是人们为了遵守“自然法”而订立契约所形成的，是一部人造的机器人，当君主可以履行该契约所约定的保证人民安全的职责时，人民应该对君主完全忠诚。他于1651年出版的《利维坦》一书，为之后所有的西方政治哲学发展奠定了根基。霍布斯的思想对其后的约翰·洛克、孟德斯鸠和让·雅克·卢梭有深刻影响，但同时他的社会契约理论与绝对君主思想又有其独特性。

基佐

弗朗索瓦·皮埃尔·吉尧姆·基佐（1787—1874），法国政治家、历史学家，他在1847年到1848年间任法国首相，是法国第二十二位首相。他是保守派人士，在任期间，他未能留心民间的疾苦，对内主张实行自由放任政策；对外则主张成立法比关税同盟，以对抗当时的德意志关税同盟，但这些措施均引起国内和国外的不满。1848年的二月革命，路易·菲利普的七月王朝被推翻，基佐也因而下台。他著有《英国革命史》、《欧洲文明史》、《法国文明史》等著作。

卡尔·考茨基

卡尔·考茨基（1854—1938），社会民主主义活动家，亦是马克思主义发展史中的重要人物。考茨基是卡尔·马克思代表作《资本论》第四卷的编者，是19世纪末德国社会民主党内最主要的领导人之一。

康德

伊曼努尔·康德（1724—1804），德国哲学家、天文学家，是星云假说的创立者之一、德国古典哲学的创始人、唯心主义者、不可知论者，德国古典美学的奠定者。他被认为是现代欧洲最具影响力的思想家之一，也是启蒙运动最后一位主要哲学家。康德哲学理论的一个基本出发点是认为将经验转化为知识的理性是人与生俱来的，没有先天的范畴我们就无法理解世界。他的这个理论结合了英国经验主义与欧陆的理性主义，对德国唯心主义与浪漫主义影响深远。

康德的一生可以以1770年为标志分为前期和后期两个阶段，前期主要研究自然科学，后期则主要研究哲学。前期的主要成果有1755年发表的《自然通史和天体论》，其中提出了太阳系起源的星云假说。在后期，从1781年开始的9年里，康德出版了一系列涉及领域广阔、有独创性的伟大著作，给当时的哲学思想带来了一场革命，它们包括《纯粹理性批判》（1781年）、《实践理性批判》（1788年）和《判断力批判》（1790年）。“三大批判”的出版标志着康德哲学体系的完成。三大批判分别探讨了认识论、伦理学以及美学。

政治上，康德是一名自由主义者，他支持法国大革命以及共和政体，在1795年他还出版过《论永久和平》一书，提出议制政府与世界联邦的构想。其生前最后一本有代表性的著作是《人类学》（1798年），一般认为该书是对整个学说的概括和总结。康德晚年已经以一名出色的哲学家闻名于世，他去世后，人们为他举行了隆重的葬礼。

孔德

奥古斯特·孔德（1798—1857）是法国著名的哲学家，社会学、实证主义的创始人。1817年8月，他成为著名的乌托邦社会主义者圣西门的秘书。1830年，《实证主义教程》第一卷出版，稍后其他各卷（共四卷）陆续出版。1842年出版的第四卷中，正式提出“社会学”这一名称，并建立起社会学的框架和构想。1844年孔德遇到对其理论发生重大影响的德克洛蒂尔德·德沃。受德沃影响，孔德创立“人道教”，并成立了具有宗教色彩的“实证主义学会”。整个19世纪，值得一提的法国社会学家屈指可数，但作为实证主义的创始人，奥古斯特·孔德被称为社会学之父当之无愧。他创立的实证主义学说是西方哲学由近代转入现代的重要标志之一。

卢梭

让·雅克·卢梭（1712—1778），启蒙时代瑞士裔的法国思想家、哲学家、政治理论家和作曲家，是18世纪法国大革命的思想先驱，启蒙运动最卓越的代表人物之一。其论文《科学和艺术的进步对改良风俗是否有益》及《论人类不平等的起源与基础》确定了他在哲学史上的地位；他的《社会契约论》的人民主权及民主政治哲学思想深刻影响了启蒙运动、法国大革命和现代政治、哲学和教育思想。此外，他还著有《爱弥儿》、《忏悔录》、《新爱洛伊斯》、《植物学通信》等著作。

罗莎·卢森堡

罗莎·卢森堡（1871—1919），国际共产主义运动史上杰出的马克思主义思想家、理论家、革命家，德国社会民主党和第二国际左派领袖，被列宁誉为“革命之鹰”。在反对资本主义、修正主义和帝国主义世界大战的暴风骤雨中，始终英勇斗争，不畏强暴，展现了高度的革命乐观主义精神。1871年3月5日，出生于俄国占领下的波兰扎莫希奇的一个犹太人家庭，她原是波兰立陶宛王国社会民主党理论家。1898年移居德国柏林，并加入德国社会民主党，是党内的社会民主理论家。1914年，当德国社会民主党宣布支持德国参与第一次世界大战时，她和卡尔·李卜克内西合作成立马克思主义革命团体“斯巴达克同盟”，与社民党内以艾伯特为代表的右倾势力斗争。该组织于1919年1月1日转为德国共产党。1918年11月，在德国革命期间，她创办了《红旗报》，作为左翼的中央机构。1915年—1918年间被多次关押。罗莎·卢森堡起草了德国共产党党纲。她认为1919年1月柏林的斯巴达克起义是一个错误，但起义开始后她还是加以支持。当起义被自由军团镇压时，卢森堡、李卜克内西与其他数百位支持者被逮捕，遭到严刑拷打并被杀害。

洛克

约翰·洛克（1632—1704），英国哲学家，经验主义的开创人，同时也是第一个全面阐述宪政民主思想的人，在哲学以及政治领域都有重要影响。洛克的第一本主要著作是《论宽容》，而洛克最知名的两本著作则分别是《人类理解论》和《政府论》。洛克的思想对于后代政治哲学的发展产生了巨大影响，并且被广泛视为是启蒙时代最具影响力的思想家和自由主义者。他的著作也大大影响了伏尔泰和卢梭，以及许多苏格兰启蒙运动的思想家和美国开国元勋。他的理论被反映在美国的《独立宣言》上。洛克的精神哲学理论通常被视为是现代主义中“本体”以及自我理论的奠基者，也影响了后来大卫·休谟、让·雅各·卢梭与伊曼努尔·康德等人的著作。洛克是第一个以连续的“意识”来定义自我概念的哲学家，他也提出了心灵是一块“白板”的假设。与笛卡尔和基督教哲学不同的是，洛克认为人生下来是不带有任何记忆和思想的。

马丁·路德

马丁·路德（1483—1546），宗教改革运动的发起人。他本来是罗马公教奥斯定会的会士、神学家和神学教授。为了坚决抗议罗马天主教会，他发动了一场宗教改革运动。他的改革终止了中世纪罗马公教教会在欧洲的独一地位。他翻译的路德圣经迄今为止仍是最重要的德语圣经译作。2005年11月28日，德国电视二台投票评选最伟大的德国人，路德名列第二位，仅次于康拉德·阿登纳。

马克思

卡尔·亨利希·马克思（1818—1883），马克思主义的创始人，第一国际的组织者和领导者，全世界无产阶级和劳动人民的伟大导师、政治家、哲学家、经济学家、革命理论家。主要著作有《资本论》、《共产党宣言》。他是无产阶级的精神领袖，是当代共产主义运动的先驱，支持他理论的人被视为马克思主义者。马克思最广为人知的哲学理论是他对于人类历史进程中阶级斗争的分析。他认为几千年以来，人类发展史上最大的矛盾与问题就在于不同阶级之间的利益掠夺。依据历史唯物论，马克思曾大胆地假设，资本主义终将被共产主义所取代。

尼采

弗里德里希·威廉·尼采（1844—1900），德国著名哲学家，西方现代哲学的开创者，同时也是卓越的诗人和散文家。他的著作对于宗教、道德、现代文化、哲学，以及科学等领域提出了广泛的批判和讨论。他的写作风格独特，经常使用格言和悖论的技巧。尼采对于后代哲学的发展影响极大，尤其是在存在主义与后现代主义上。他最早开始批判西方现代社会，然而他的学说在他的时代却没有引起人们的重视，直到20世纪，才激起深远的调门各异的回声。后来的生命哲学、存在主义、弗洛伊德主义、后现代主义，都以各自的形式回应尼采的哲学思想。尼采著有《悲剧的诞生》、《查拉图斯特拉如是说》、《偶像的黄昏》等著作。

欧文

罗伯特·欧文（1771—1858），英国乌托邦社会主义者，也是一位企业家、慈善家。欧文在历史上第一次揭示了无产阶级贫困的原因，并从生产力的角度提出公有制与大生产的紧密关系，他晚年还提出过共产主义主张。他最著名的著作为《新社会观》、《新道德世界书》。罗伯特·欧文是历史上第一个创立学前教育机关（托儿所、幼儿园）的教育理论家和实践者。教育与生产劳动相结合，是欧文对人类教育理论宝库的一大贡献。他认为，要培养智育、德育、体育全面发展的一代新人，必须把教育与生产劳动结合起来。

培根

弗朗西斯·培根（1561—1626），英国哲学家、思想家、作家和科学家，是古典经验论的始祖。他不但在文学、哲学上多有建树，在自然科学领域里，也取得了重大成就。培根是一位经历了诸多磨难的贵族子弟，复杂多变的生活经历丰富了他的阅历，随之而来的是他的思想成熟，言论深邃，富含哲理。他是一位理性主义者而不是迷信的崇拜者，是一位经验论者而不是诡辩学者；在政治上，他是一位现实主义者而不是理论家。他在逻辑学、美学、教育学方面也提出许多思想。他著有《新工具》、《论说随笔文集》等著作，此外，他还有许多名言为众人所知，“知识就是力量”就是其中最著名的一句名言。

普罗泰戈拉

普罗泰戈拉（约公元前490—约公元前420），公元前5世纪希腊哲学家，智者派的主要代表人物。他出生在阿布德拉城，多次来到当时希腊奴隶主民主制的中心雅典，与民主派政治家伯里克利结为挚友，曾为意大利南部的雅典殖民地图里城制定过法典。一生旅居各地，收徒传授修辞和论辩知识，是当时最受人尊敬的“智者”。普罗泰戈拉留传下来的最主要的哲学名言就是在《论真理》中说的，“人是万物的尺度，存在时万物存在，不存在时万物不存在。”

塞利格曼

马丁·塞利格曼（1942—），美国心理学家，主要从事习得性无助、抑郁、乐观主义、悲观主义等方面的研究。曾获美国应用与预防心理学会的荣誉奖章，并由于他在精神病理学方面的研究而获得该学会的终身成就奖。1998年当选为美国心理学会主席。

圣西门

克劳德·昂列·圣西门（1760—1825），法国哲学家、经济学家、社会改革家、空想社会主义者。与实证主义创始人奥古斯特·孔德相熟，曾聘其为秘书。圣西门出身贵族，曾参加法国大革命，还参加过北美独立战争。他抨击资本主义社会，致力于设计一种新的社会制度，并花掉了他的全部家产。在他所设想的社会中，人人劳动，没有不劳而获，没有剥削，没有压迫。圣西门一生写了许多著作，但直到1825年4月发表的《新基督教》这部圣西门最后的著作，才标志着他创建的空想社会主义大厦的完成。

叔本华

亚瑟·叔本华（1788—1860），德国著名哲学家，他继承了康德对于现象和物自体之间的区分。不同于他同代的费希特、谢林、黑格尔等取消物自体的做法，他坚持物自体，并认为它可以通过直观而被认识，将其确定为意志。意志独立于时间、空间，所有理性、知识都从属于它，人们只有在审美的沉思时才能逃离其中。叔本华将他著名的极端悲观主义和此学说联系在一起，认为意志的支配最终只能导致虚无和痛苦。他对心灵屈从于器官、欲望和冲动的压抑、扭曲的理解预言了精神分析学和心理学。他的代表著作有《作为意志和表象的世界》等。

苏格拉底

苏格拉底（公元前469—公元前399），古希腊著名的思想家、哲学家、教育家，他和他的学生柏拉图，以及柏拉图的学生亚里士多德被并称为“古希腊三贤”，更被后人广泛认为是西方哲学的奠基者。身为雅典的公民，据记载，苏格拉底最后被雅典法庭以引进新的神和腐蚀雅典青年思想之罪名判处死刑。尽管他曾获得逃亡雅典的机会，但苏格拉底仍选择饮下毒堇汁而死，因为他认为逃亡只会进一步破坏雅典法律的权威，同时也是因为担心他逃亡后雅典将再没有好的导师可以教育人们了。

谢林

弗里德里希·威廉·约瑟夫·冯·谢林（1775—1854），德国哲学家。谢林是德国唯心主义发展中期的主要人物，处在费希特和黑格尔之间。谢林的自然哲学受到了浪漫派大诗人歌德的欣赏，也得到了德国自然科学的欢迎。

亚当·斯密

亚当·斯密（1723—1790），苏格兰哲学家和经济学家，是经济学的主要创立者。他所著的《国富论》成为了第一本试图阐述欧洲产业和商业发展历史的著作。这本书发展出了现代的经济学学科，也提供了现代自由贸易、资本主义和自由意志主义的理论基础。

亚里士多德

亚里士多德（公元前384—公元前322），古希腊斯吉塔拉人，世界古代史上最伟大的哲学家、科学家和教育家之一。是柏拉图的学生，亚历山大大帝的老师。公元前335年，他在雅典办了一所叫吕克昂的学校，被称为逍遥学派。马克思曾称亚里士多德是古希腊哲学家中最博学的人物，恩格斯称他是古代的黑格尔。作为一位最伟大的、百科全书式的科学家，亚里士多德对世界的贡献无人可比。他对哲学的几乎每个学科都作出了贡献。他的写作涉及伦理学、形而上学、心理学、经济学、神学、政治学、修辞学、自然科学、教育学、诗歌、风俗，以及雅典宪法。

《1844年经济学哲学手稿》

《1844年经济学哲学手稿》是卡尔·马克思在年轻时代为了总结自己的思想和弄清思考的问题而写的一个未完成的手稿，由三个部分组成，这是一部研究政治经济学和哲学的著作。该手稿中，马克思根据当时情况，对一系列德国的古典哲学（包括黑格尔的辩证法、费尔巴哈的唯物论）、英国的古典政治经济学（亚当·斯密）以及法国的空想社会主义进行批判性整合。该手稿可以反映出马克思已经完全脱离了黑格尔的理论。

《德法年鉴》

《德法年鉴》是德国“第一个社会主义的刊物”。1844年2月底只在巴黎用德文出版了1—2期合刊号，主编是阿·卢格和马克思。由于当时卢格患病，这一期合刊主要是由马克思编辑的。这期合刊包括卢格写的《德法年鉴》计划、杂志撰稿人之间的8封通信、马克思的著作《〈黑格尔法哲学批判〉导言》和《论犹太人问题》、恩格斯的著作《政治经济学批判大纲》和《英国状况》，以及其他人写的三篇文章、两首诗、一份官方判决书和编后记《刊物的展望》。马克思和恩格斯在《德法年鉴》上发表的文章表明，他们最终完成了从革命民主主义向共产主义的转变。

《德意志意识形态》

《德意志意识形态》是一本哲学巨著文本，于1845年由马克思和恩格斯合著，于1932年在莫斯科出版。在1847年，《德意志意识形态》的部分内容在《威斯特伐里亚汽船》杂志8月和9月号发表过。本书第一次系统阐述了历史唯物主义的基本原理，如社会存在决定社会意识、生产方式在社会生活中起决定作用、生产关系必须适合生产力的发展等，标志着马克思主义哲学的成熟。此外，本书还批判地分析了当时的费尔巴哈、鲍威尔及施蒂纳的唯心主义历史观，批判了真正的社会主义或德国社会主义的各种代表哲学观点，表达了对科学社会主义的认识。

《反杜林论》

《反杜林论》是恩格斯于1876年5月底至1878年7月初的著作，是一部伟大的马克思主义著作，是马克思主义发展史上的一座丰碑。

《共产党宣言》

《共产党宣言》是无产阶级革命导师马克思、恩格斯受“共产主义者同盟”1847年12月伦敦第二次代表大会的委托，于1847年11月—1848年1月间共同撰写的关于科学共产主义的第一个纲领性文献。它是国际共产主义运动的第一个纲领性文献，是一部划时代的光辉文献。《共产党宣言》以辩证唯物主义与历史唯物主义为理论基础，以阶级斗争为线索，解剖了资本主义制度，阐明了资本主义的发生、发展和必然灭亡的客观规律；阐明了无产阶级作为资本主义掘墓人和共产主义创建者的伟大历史使命；论证了无产阶级革命和无产阶级专政是无产阶级获得解放的唯一道路；批判了打着社会主义招牌的同科学共产主义相对立的各种流派的所谓理论；奠定了无产阶级政党的学说，并确立了党的战略、策略、原则。

《关于费尔巴哈的提纲》

《关于费尔巴哈的提纲》写于1845年春，马克思生前未发表过。最早发表于1888年，恩格斯在《路德维希·费尔巴哈和德国古典哲学的终结》的序言中称这个文件为“关于费尔巴哈的提纲”，并作为该书的附录首次发表。它被恩格斯称为“包含着新世界观的天才萌芽的第一个文件”，“历史唯物主义的起源”。《关于费尔巴哈的提纲》和《德意志意识形态》一起被公认为是马克思主义哲学，特别是唯物史观创立的基本标志。

《莱茵报》

《莱茵报》，《莱茵政治、商业和工业日报》的简称，“德国现代期刊的先声”（恩格斯语，《马克思恩格斯选集》第1卷第514页）。

《路德维希·费尔巴哈和德国古典哲学的终结》

《路德维希·费尔巴哈和德国古典哲学的终结》是恩格斯为论述马克思主义哲学同德国古典哲学的关系，阐明马克思主义哲学基本原理而写的一部重要的哲学著作。写于1886年，同年发表在德国社会民主党理论杂志《新时代》的第4—5期上。1888年出版单行本。20世纪20年代末30年代初传入中国，曾出版过林超真、彭嘉生、张仲实等人的6种译本。这本著作全面论述了马克思主义哲学和黑格尔、费尔巴哈哲学之间的批判继承关系，系统阐述了辩证唯物主义和历史唯物主义的基本原理，具体说明了马克思主义哲学产生的理论来源和自然科学基础，深刻分析了马克思主义哲学在哲学领域中革命变革的实质。

《前进报》

德国社会主义工人党中央机关报，1876年10月1日创刊。1875年5月召开的德国社会民主党和全德工人联合会哥达合并大会决定，两派的机关报暂时并列为新成立的社会主义工人党的机关报。

《人权宣言》

《人权宣言》，1789年8月26日颁布，是在法国大革命时期颁布的纲领性文件。《人权宣言》以美国的《独立宣言》为蓝本，采用18世纪的启蒙学说和自然权论，宣布自由、财产、安全和反抗压迫是天赋不可剥夺的人权，肯定了言论、信仰、著作和出版自由，阐明了司法、行政、立法三权分立，法律面前人人平等，私有财产神圣不可侵犯等原则。

《政治经济学批判大纲》

《政治经济学批判大纲》是恩格斯的第一篇经济学著作。写于1843年底至1844年1月，1844年2月发表在《德法年鉴》上。中译本收入人民出版社1956年出版的《马克思恩格斯全集》第1卷。研究了资本主义社会经济制度和资产阶级政治经济学的基本范畴，论述了消灭私有制的必要性，对社会主义革命作了初步论证，是马克思主义发展史上第一篇经济学著作。

《资本论》

《资本论》是马克思的著作，以唯物史观的基本思想为指导，通过深刻分析资本主义生产方式，揭示了资本主义社会发展的规律，同时也使唯物史观得到了科学的验证和进一步的丰富发展。《资本论》运用唯物史观的观点和方法，将社会关系归结为生产关系，将生产关系归结于生产力的高度，从而证明了社会形态的发展是一个不以人的意志为转移的自然历史过程。

《自然辩证法》

《自然辩证法》是德国哲学家弗里德里希·恩格斯一部尚未完成的著作，是恩格斯多年来对自然科学研究的总结。对19世纪中期的主要自然科学成就用辩证唯物主义的方法进行了概括，并批判了自然科学中的形而上学和唯心主义的观念。在恩格斯去世后，1896年发表了其中一篇论文《劳动在从猿到人转变过程中的作用》，1898年发表了其中另一篇论文《神灵世界中的自然科学》，直到1925年才在前苏联出版的德文和俄文译本对照的《马克思恩格斯文库》中全文发表。